ŒUVRES
DE
J. CHAPRON DE CHATEAUBRIANT

# HISTOIRE
DE
# FRANÇOISE DE FOIX
DAME DE CHATEAUBRIANT

(1494-1537)

CHATEAUBRIANT
ANDRÉ QUINQUETTE, IMPRIMEUR-ÉDITEUR
1927

# HISTOIRE DE FRANÇOISE DE FOIX

## Dame de Châteaubriant

(1494-1537)

## OUVRAGES DU MÊME AUTEUR

### HISTOIRE ET ARCHÉOLOGIE

Inventaire mégalithique, iconographique, héraldique et archéologique de l'arrondissement de Châteaubriant.

Dictionnaire des Coutumes, Croyances et Langage du Pays de Châteaubriant.

Châteaubriant, les Châteaux, la Ville et les Eglises.

Histoires, Contes et Légendes du Pays de Châteaubriant.

Châteaubriant avant la Révolution.

Châteaubriant et ses Eglises.

Etudes historiques et archéologiques sur le Pays de Châteaubriant.

Histoire des Forêts du Pays de Châteaubriant.

Le Pays de la Mée, étude polymathique sur la région de Châteaubriant.

Le Pays Ancenien (Ancenis et ses environs).

Au Pays des Vieilles Eglises (Pays Guerchois).

La Renaissance Angevine, étude sur les grands monuments de l'Anjou.

### POÉSIE

Le Siècle de Victor Hugo, poème.

Poèmes et Poésies.

Sonnets et Rondeaux.

ŒUVRES
DE
J. CHAPRON DE CHATEAUBRIANT

# HISTOIRE
DE
# FRANÇOISE DE FOIX
DAME DE CHATEAUBRIANT

(1494-1537)

CHATEAUBRIANT
ANDRÉ QUINQUETTE, IMPRIMEUR-EDITEUR
1927

# HISTOIRE DE FRANÇOISE DE FOIX

## Dame de Châteaubriant

(1494-1537)

### La jeunesse de Françoise de Foix

Vers le milieu du XVe siècle, la baronnie de Châteaubriant passa de la famille de Dinan, qui la possédait depuis la mort de Louise de Châteaubriant, survenue en 1383, dans celle de Laval, par le mariage de Françoise de Dinan avec Guy, XIVe du nom, comte de Laval.

Ce mariage eut lieu le 4 octobre 1451. Françoise de Dinan, qui avait été fiancée à Gilles de Bretagne, fils du duc Jean V, avait aussi aimé le fils de celui qu'elle était contrainte d'épouser, malgré la disproportion de leurs âges. Françoise donna trois enfants à Guy XIV. Le deuxième, François, né en 1463 à Châteaubriant, devint baron de Châteaubriant à la mort de son père, qui trépassa à Châteaubriant le 2 septembre 1486.

C'est pendant le gouvernement de Françoise de Dinan que le château et la ville de Châteaubriant, attaqués par l'armée française commandée par La Trémoille, furent détruits par ordre de Charles VIII.

Françoise de Dinan et François de Laval, son fils, firent réédifier leur château à l'époque où se préparait l'union de la Bretagne à la France, union que vint cimenter le mariage de la duchesse Anne avec le roi Charles VIII.

François de Laval épousa Françoise de Rieux, fille du célèbre maréchal de Rieux et de Françoise Raguenel. Elle apportait une immense fortune à son mari. De ce mariage naquirent deux enfants, Jean et Pierre, ce dernier né le 11 février 1494.

Jean de Laval naquit sans doute au château de Châteaubriant en 1487, et il est probable qu'il y passa son enfance. Il avait quatorze ans quand il « entra en page » à la cour de France. Il était doublement parent de la reine Anne, car les maisons de Laval et de Rieux avaient contracté des alliances avec la famille ducale. Le 5 janvier 1503 François de Laval, qui était chambellan du roi, mourut à Amboise, où se trouvait la Cour. Son corps fut ramené à Châteaubriant et inhumé dans la chapelle du couvent de la Trinité. Jean de Laval hérita des seigneuries de son père et prit le titre de baron de Châteaubriant.

Tant que vécut la reine Anne, Jean de Laval fut «couché» sur les livres des comptes de la maison royale, à deux mille livres de pension annuelle. C'est à la cour de France qu'il fit connaissance de trois gentilshommes du Midi, qu'on appelait Odet, Thomas et André de Foix, et de leur sœur Françoise, qui étaient comme lui, pensionnaires du roi de France. Malgré sa surveillance sévère, la reine ne put empêcher Jean de Laval de tomber éperdument amoureux de l'une des plus jolies filles de sa cour, la jeune Françoise de Foix, bien qu'elle ne fût encore qu'une enfant. La reine résolut de marier ses deux protégés, qui étaient en même temps ses parents, Françoise étant cousine d'Anne qui elle-même était fille de Marguerite de Foix. Le contrat de mariage fut établi à Châteaubriant le 4 juin 1506. La reine promit vingt mille livres à sa jeune cousine, qui n'était riche que d'intelligence et de beauté, et le père de la fiancée, Jean de Foix, dix mille livres. Françoise n'avait qu'onze ans, alors que Jean en avait dix-neuf.

On ignore la date exacte et le lieu de naissance de Françoise de Foix. Moreri dit que Jean de Foix, son père, vivait encore en 1494. Françoise aurait donc eu douze ans quand elle devint mère, le 11 mars 1507 ; il n'y aurait à cela rien d'étonnant, car elle était de puissante complexion, grande, forte et brune, de carnation chaude et de tempérament ardent, comme une vraie fille du Midi qu'elle était.

Clément Marot, qui vécut avec elle à la cour de France, l'a dépeinte

De grant beaulté, de grace qui attire,
De bon sçavoir, d'intelligence prompte ;

Un autre poète, Nicolas Bourbon, l'exalte comme la meilleure, la plus belle femme de France, que la nature a dotée de toutes les perfections du corps et de l'âme ; un troisième, qui fut comme Marot son ami et son protégé, François Sagon, célèbre surtout l'esprit de Françoise de Foix, qu'il met au rang des femmes les plus brillantes et les plus instruites de ce temps-là : elle avait « toute la science en la tête », elle parlait fort bien l'espagnol et l'italien, et savait composer des devises et des vers en latin et en français.

Françoise de Foix était brune ; elle-même nous l'apprend dans plusieurs de ses poésies : elle faisait se rapporter à sa personne la célèbre phrase du Cantique des Cantiques : *Nigra sum, sed formosa*. En un autre endroit, elle dit, toujours parlant d'elle

Que le noir est pour avoir bon crédit,
Plus que le blanc qui n'a point de durée ;
Que le tainct noir et la naire coulleur
A hault pris est de plus grande valleur.

Il existe deux véritables portraits de Françoise de Foix : l'un est à Paris, à la Bibliothèque Nationale, l'autre à la Bibliothèque Méjanes, à Aix-en-Provence. De ces portraits aux deux crayons, le premier est attribué à Jean Clouet, peintre de François Ier. Au bas du portrait, est écrit : *Françoise de Foix, sœur du M^al de Lautrec, et femme de Jean de Laval, seigneur de Châteaubriant*. Puis, audessous, en capitales : MADAME DE CHATEAUBRIAN. Le second est compris dans un album ou recueil attribué à une dame de la cour de France, Madame de Boisy, qui se divertissait à portraicturer elle-même ses intimes. En côté et au bas du portrait sont collés deux papillons qui cachent deux inscriptions en écriture gothique. L'inférieure dit le nom de la dame : MADAME DE CHASTEAUBREANT ; la supérieure est attribuée à François Ier, c'est une devise qu'il était en droit d'écrire, si toutefois on la peut traduire ainsi : *Myeus contournée que paynte*.

Dans les musées nationaux, plusieurs portraits passent pour être la ressemblance de Françoise de Foix ; mais aucun n'a été identifié avec certitude : l'un d'eux a cependant été choisi par un statuaire pour l'élaboration d'un buste destiné à orner une cheminée de style Renaissance, au château de Combourg.

D'autres collections gardent le portrait des trois frères de Foix : Odet, André et Thomas. A Chantilly, on trouve Jean de Laval lui-même, crayonné aux approches de sa cinquantaine, avec ses yeux rêveurs, son gros nez tombant sur ses lèvres pincées, et sa barbe hirsute...

La mention du baptême d'Anne de Laval, fille de Jean de Laval et de Françoise de Foix, sur les registres de la paroisse de Saint-Jean-de-Béré, près de Châteaubriant, nous permet de supposer que le seigneur et la dame de Châteaubriant habitaient leur château, qui venait d'être reconstruit et transformé. Quelques mois après la naissance de leur fille, au mois de mai 1507, ils se rendirent à Nantes pour prendre part au cortège de la translation solennelle du corps de Marguerite de Foix, mère de la reine Anne.

C'est à cette époque que fit son apparition à la cour de France un beau jeune homme aux yeux petits, mais vifs, au nez aquilin, le visage encadré de cheveux noirs et bouclés : on l'appelait le comte d'Angoulême. Il avait été fiancé à la fille du roi Louis XII, Claude de France. Agé à peine de dix-huit ans, il avait déjà la réputation d'un homme courageux, généreux, chevaleresque. Louis XII, étant mort à la fin de l'année 1514, le 1er janvier 1515, François, comte d'Angoulême, succédant à son beau-père, monta sur le trône de France ; il avait épousé Claude le 18 mai précédent. Le nouveau roi fut sacré le 25 janvier, et le 15 février, il faisait son entrée à Paris.

Celui qu'on devait appeler le Roi-Chevalier était de haute taille et de grande force musculaire ; son armure, que l'on peut voir au musée d'artillerie, aux Invalides, est de la dimension d'un homme de « cinq pieds sept pouces ». Le plus célèbre de ses portraits est celui du Musée du Louvre, l'une des œuvres maîtresses du Titien. « Le corps était bien proportionné, dit Varillas, excepté que les jambes paraissaient trop faibles pour en soutenir le faix. Le front était large, les yeux perçants, le nez long et aquilin, le teint blanc, la mine douce et majestueuse tout ensemble. Son esprit concevait d'abord et sans peine ; rien n'échappait à sa mémoire ; il s'exprimait heureusement, et personne ne parlait mieux sa langue que lui. » Sa mère, Louise de Savoie, ne parle de lui qu'en termes admiratifs, et Marguerite de Navarre, sa sœur, ressentit toujours pour son frère une amitié qui fut presque de l'adoration.

C'est de cet homme que Françoise de Foix, fille de Jean

de Foix et de Jeanne d'Aydie, sœur des personnages que l'histoire appelle Lautrec, Lescun et Lesparre, femme de Jean de Laval, seigneur de Châteaubriant en Bretagne, devait devenir la maîtresse favorite.

## Françoise de Foix à la Cour

Les historiens ou plutôt les romanciers qui se sont complu à conter les amours de François Ier et de Françoise de Foix, comtesse de Châteaubriant, ont tous écrit que Jean de Laval avait, aussitôt marié, confiné sa femme dans son château de Châteaubriant, chef-lieu de sa baronnie et que Françoise de Foix n'aurait connu François Ier qu'après son mariage. Or, Françoise de Foix avait été élevée à la cour de France, par sa cousine la reine Anne, avec d'autres filles de la maison de Foix. François de Valois, gendre de Louis XII, était aussi à la Cour, où il exerçait la charge de lieutenant général des Armées du Roi. Il n'est pas douteux que François de Valois connaissait Françoise de Foix jeune fille et avant son avènement au trône.

D'autre part, nous savons par Brantôme, dont la tante Madame de Dampierre, avait vécu longtemps à la cour, que Françoise fut choisie pour être dame d'honneur de la reine Claude. Il est supposable que le roi en fit sa favorite dès la première année de son règne. La grande faveur des trois frères de Madame de Châteaubriant commença dès cette époque, ainsi que, d'ailleurs, la haine de la mère du roi, contre Odet de Foix, seigneur de Lautrec, et contre sa sœur. L'empressement que le roi mit à élever à la dignité de maréchal de France le frère aîné de sa maîtresse fait croire qu'il chercha à plaire à Françoise de Foix dès qu'il fut parvenu au trône. Les deux amants étaient d'ailleurs faits pour s'entendre : en plus des attraits de leur tempérament physique, ils avaient les mêmes goûts ; tous deux aimaient les fêtes, les fastes, les arts et la poésie.

Il est fâcheux que la lettre que Françoise écrivit à son royal amant, pour le remercier de l'envoi d'une riche broderie, ne soit pas datée : elle nous eût éclairé sur ce point d'histoire assez intéressant. François commençait ainsi les hostilités de la « guerre amoureuse » dont il a, comme il le dit lui-même, « *l'intention de s'esjouyr* », pour se reposer de la guerre des batailles. Ce n'était qu'une lutte de politesse : si la guerre amoureuse est commencée, nous n'en sommes encore qu'aux premières escarmouches. Mais voici qui va rendre plus sérieuses les hostilités : François, encore grisé de l'heureuse fortune à laquelle il doit d'être roi de France, envoie à Madame de Châteaubriant une missive dans laquelle il lui déclare la force de cet amour qui prend toutes ses pensées et le transporte jusqu'au ciel. Le soupirant ne veut aimer que celle à qui il écrit : elle seule peut le réconforter de « cueur, de corps et de veue ». Il y a dans cette lettre l'expression d'un mélange d'amour et de religiosité que l'on comprendra si l'on connaît les mœurs du XVI<sup>e</sup> siècle. Jusqu'ici cet amour est chaste, et il pourrait être vécu au ciel ; il n'a d'ailleurs pour but que d'augmenter le « bon bruit », c'est-à-dire la bonne renommée de celle qui en est l'objet. Nous n'oserions affirmer que cet amour angélique ne va pas bientôt se pervertir : François a vingt ans, et déjà il a eu à se plaindre des méchancetés de Vénus. «Pour la fin », le volage amoureux supplie sa nouvelle amie d'être « ferme » en son amour, et, si elle y consent, jamais il n'y aura de plus heureux amants « *dessoubs la lune.* »

Voici une charmante et émouvante épître écrite à son amant par celle que nous appelons volontiers la Sapho du XVI<sup>e</sup> siècle : elle contient d'ailleurs la déclaration d'amour de Françoise de Foix au roi François, en réponse à la lettre élogieuse qu'il lui avait écrite :

La grant doulceur qu'est de ta bouche yssue,
La belle main blanche qui a tissue
Une épistre quil t'a pleu m'envoyer,
A faict mon cueur de joye lermoyer.
Il estoit jà de ton amour espris
Mais maintenant il est saisi et pris
Tant, qu'il n'est plus possible qu'en efface
Ta grant beauté. — Que veux-tu que je face ?
Si, à me veoir bien souvent tu labeures,
Croy pour certain qu'il n'est moment ni heures
Si je osoys partout t'aller chercher,
Je le feroys, tant je t'ayme et tiens cher.
Je te parle privément, car je sens
En ta personne tant d'honneur et de sens,
Que pour mourir ne vouldroys de celler

Ce que je veulx maintenant révéler :
C'est qu'il te plaise de garder mon honneur
Car je te donne mon amour et mon cueur.

Mais il paraît, par une autre lettre du roi, que la dame de Châteaubriant n'était pas libre d'allures : Jean de Laval, autoritaire et jaloux, tenait en chartre privée celle qu'il devinait si ardemment convoitée. Et ces amours royales devaient avoir une ombre : ombre légère, il est vrai, et dont peu d'amours sont exemptes. Le roi paillard aimait assez à se faire bien voir des gentilles dames et damoiselles de sa cour, ce qui jetait le trouble dans le cœur de la favorite : ces oublis momentanés étaient suffisants pour lui faire ressentir les tourments de la jalousie. Elle les exprima dans un joli rondeau où elle fait allusion au serment de constance que son amant exigea d'elle, au lieu que lui-même volait loin d'elle sur les ailes de l'inconstance.

S'il faut s'en rapporter à quelques anecdotes de Brantôme, Jean de Laval vit d'abord d'un mauvais œil les familiarités de sa femme et du roi ; mais il fut vite apprivoisé : sa conduite par la suite, les honneurs qu'il accepta de François Ier le prouvent assez. Cependant une sourde jalousie régnait au fond de son cœur et empoisonnait son existence : nous le voyons constamment oscillant entre la colère et l'indifférence. Ses actes semblent prouver qu'il aimait sa femme, et l'infidélité de celle-ci ne parvint pas à tuer en son cœur l'amour qu'il ressentait pour elle. Les caractères des époux ne sympathisaient pas : Françoise avait été mariée trop jeune, et les violences de Jean de Laval, son humeur farouche et taciturne, ses emportements et ses colères n'étaient pas pour la rapprocher de son mari. Aussi, dès que François parut, ce fut vers lui, si galant, si courageux, si chevaleresque et si généreux, si épris de la vie, que s'envola le cœur brûlant de la jeune méridionale. L'amour de Françoise de Foix était sincère ; cette sincérité se montre à chaque ligne dans ses lettres.

## Le Roman dans l'Histoire

Varillas, historien qui vivait du temps de Louis XIV, est le premier qui ait tiré parti des amours de François Ier et de la comtesse de Châteaubriant. Cette histoire, dont l'affabulation témoigne des qualités imaginatives de son auteur, fit le succès de son *Histoire de François premier*, dont la première édition parut en 1683. La célébrité posthume qu'il a fait acquérir à notre héroïne mérite bien que nous lui fassions l'honneur de citer quelques passages de son ouvrage. Ce que l'on sait déjà de Françoise de Foix nous dispensera de signaler au lecteur les nombreuses erreurs de l'historien :

« La comtesse de Châteaubriant était fille de Phébus de Grailly, puîné de la maison de Foix, et comme elle avait pour frères trois des plus vaillants hommes du siècle, elle était aussi la plus belle femme du sien. Le comte de Château-Briand la rechercha en mariage lorsqu'elle n'avait pas encore douze ans, et l'obtint parce qu'il ne demandait rien pour sa dot. Il en eut bientôt une fille, et rien n'aurait manqué à sa joie, s'il eût pu celer plus longtemps le trésor qu'il tenait caché en un coin de Bretagne : mais le grand éclat n'est pas moins inséparable des beautés achevées, que l'ombre ne l'est du corps. Le roi François premier, après son avènement à la couronne, se laissa persuader par sa propre inclination, ou par la comtesse d'Angoulême, sa mère, d'introduire à la Cour les Dames qui n'y paraissaient auparavant que pour les grandes cérémonies ; et le comte de Château-Briand fut invité d'y mener sa femme, qui devait en être le plus bel ornement. Il s'en excusa longtemps, soit qu'il fut jaloux, ou qu'il eut un pressentiment secret de ce qui lui devait arriver.

» Ses défaites étaient si galantes, qu'elles ne laissaient aucun lieu de la soupçonner de la faiblesse qui vient de trop d'amour. Il rejettait toute la faute sur l'humeur particulière de sa femme, et la faisait passer pour une beauté farouche qu'il était impossible d'apprivoiser. Une affaire imprévue, dans laquelle il s'agissait de tout le bien du comte, l'appela nécessairement à la Cour, et l'arracha de la Bretagne, où il eût demandé pour grâce d'être confiné toute sa vie.

» Comme il prévoyait que son voyage serait de durée il donna la gêne à son esprit pour chercher un expédient capable d'éviter les importunités du roi, sans s'ôter la liberté de mander sa femme quand il lui plairait ; et quand il crut l'avoir trouvé, il fit faire deux bagues d'une invention bizarre, et pourtant si semblables, qu'on ne les pouvait distinguer. Il en retint une, et donna l'autre à la comtesse en lui disant qu'il allait à la Cour, où il serait peut-être obligé de la faire venir, mais qu'elle n'ajouterait aucune foi à ses lettres si elle n'y trouvait enfermée la bague qu'il se réservait. La comtesse ne fit pas beaucoup de réflexions sur le discours de son mari ; parce qu'ayant toujours été à cent lieues de la Cour, elle n'en connaissait ni les divertissements ni le danger. Elle se contenta de serrer la bague et de répondre qu'elle ne manquerait pas d'obéir.

» Le comte reçut à la Cour un accueil favorable, et pourtant mêlé de reproches, pour n'avoir pas mené sa femme ; mais comme il avait beaucoup d'esprit, il s'excusa le plus longtemps qu'il put sans rien promettre. Il feignit ensuite de laisser la chose à la disposition de la comtesse, et lui écrivit même dans les termes que la Cour voulut lui prescrire ; mais la comtesse ne voyant pas de bague, répondait toujours par quelque nouvelle défaite.

» La collusion aurait duré davantage, si le comte eut gardé le secret : mais il avait un valet de chambre qui le gouvernait absolument, depuis qu'il s'était mis à le louer de ce qu'il ne se laissait gouverner par personne. Ce domestique lui voyant faire beaucoup d'état d'une bague qui ne paraissait pas énormément riche, lui en demanda la cause ; et le comte lui repartit imprudemment, que c'était parce qu'elle contenait le secret de faire venir sa femme.

» Le valet de chambre ne conçut pas d'abord le sens des paroles de son maître ; mais il fit depuis tant de réflexion, qu'il devina une partie de la vérité, et comme il avait été tenté diverses fois de servir la Cour au préjudice du comte, il alla trouver ceux qui l'avaient sondé ; et leur dit qu'il mettrait en leurs mains le moyen de faire venir sa maîtresse, pourvu qu'on le mît en état de se passer du comte. Le marché fut conclu, et la bague dérobée. On la mit entre les mains d'un orfèvre habile, qui en fit une si semblable que le valet de chambre même ne les put discerner. La fausse fut mêlée parmi les bijoux du comte, et l'on réserva la vraie pour l'usage auquel elle était destinée, quoique ce fut contre l'intention de celui à qui elle appartenait.

« On lui fit donc entendre qu'on ne pouvait croire qu'il écrivit sincèrement à sa femme de venir à la Cour ; et fut l'offre qu'il fit d'employer les termes les plus pressants et de donner sa lettre au courrier que l'on choisirait, on le prit au mot, et l'on enferma la bague dans la lettre. La comtesse ainsi pressée partit de Chasteau-Briand ; et fit tant de diligence, que son mari la vit avant d'avoir su son départ. Il ne fut pourtant pas si surpris de son arrivée que des deux bagues qu'elle lui montra. Il reconnut qu'il avait été trahi, mais il ne se souvint pas qu'il avait lui-même donné occasion à la perfidie. Il accusa le ciel de sa propre faute, et partit sur-le-champ pour retourner en Bretagne, de peur d'être témoin de sa honte.

» La comtesse abandonnée par celui qui avait le plus d'intérêt à la conservation de son honneur, fit ce qu'on devait attendre d'une vertu qui n'avait point été encore éprouvée, c'est-à-dire qu'elle résista quelque temps, et céda enfin aux assiduités du roi. Elle eut longtemps un pouvoir absolu sur le cœur de ce prince ; elle fit donner les plus beaux emplois à ses frères, et les y maintint malgré leurs malheurs et leur mauvaise conduite. On aurait élevé son mari aux premières charges, s'il eût été d'humeur à préférer l'ambition à l'honneur ; mais il refusa toujours ce qu'il soupçonnait lui être offert en considération de sa femme, et ne voulut pas ouïr parler d'elle sous quelque prétexte que ce fût. Sa dureté n'empêchait pas la comtesse de lui rendre une partie de ses devoirs, ni de luy demander de temps en temps pardon d'une faute qu'elle ne pouvait plus désormais s'empêcher de commettre ; et ce fut peut-être là ce qui lui donna quelque espérance de se réconcilier avec lui, lorsqu'elle en aurait trouvé l'occasion. »

On voit que cela tient plus du roman que de l'histoire. D'autres écrivains ont encore renchéri sur les inventions de Varillas. L'un dit que Jean de Laval fit faire un bracelet des cheveux de sa femme, et convint avec elle qu'elle ne viendrait à la Cour que s'il lui envoyait ce bracelet de cheveux. L'autre invente l'histoire d'une bague fendue en deux parties égales qui se joignaient et s'enchâssaient l'une dans l'autre : Françoise ne devait partir que si la partie de la bague qu'elle recevrait de son mari correspondait à la partie qu'elle gardait en sa possession. Toutes ces balivernes ne valent même pas la peine d'être citées.

Nous avons, certes, quoi qu'on en pense et dise, plus confiance en Pierre de Bourdeilles, qui écrivait pour conter et sans souci de littérature romanesque ; ses travaux ont au moins le mérite d'avoir été écrits sur des documents humains. Le plus curieux, c'est que ceux qui lui refusent tout crédit sont les premiers à lui emprunter ses anecdotes.

La *Cronicque du Roy Françoys*, premier du nom, nous apprend que Jean de Laval, loin de fuir la Cour « pour ne pas être témoin de sa honte », selon l'expression de Varillas, assiste, le 25 avril 1518, à Amboise, au baptême du premier fils de son rival, en compagnie des principaux seigneurs de France. Le même fait nous est prouvé par le continuateur de notre historien breton, Alain Bouchard, qui cite Monsieur et Madame de Châteaubriant, Odet et André de Foix, frères de cette dernière, le comte de Laval, etc..., parmi la foule des grands seigneurs de France qui compose le cortège du baptême du dauphin. Il est peut-être à propos de noter ici que les seigneurs dont nous venons de donner les noms figurent parmi les chevaliers de l'Ordre du Roi, lesquels sont désignés par le chroniqueur comme formant un groupe distinct, au milieu desquels nous voyons Jean de Laval. Il est étrange que ce passage des *Chroniques de Bretagne* n'ait pas annihilé l'indécision qui a subsisté jusqu'ici au sujet de la nomination du seigneur de Châteaubriant au titre de chevalier de l'Ordre.

## Le règne du Roi-Poète

Le règne de François Ier ne fut qu'une longue suite de fêtes, de voyages, de réceptions de souverains étrangers, d'expéditions et de guerres. Le Roi-Chevalier emplit l'Europe du bruit de ses hauts faits, de ses magnificences, de ses galanteries parfois risquées, des dépenses considérables que lui coûtent ses expéditions, ses fêtes et la construction de ses châteaux.

François, artiste et poète jusqu'au fond de l'âme, jouissant de la vie par tous les pores, parcourt, jamais lassé, son royaume dans tous les sens. Les grands châteaux de France, et même d'humbles manoirs, l'ont vu passer, précédant les dames de la « petite bande », qui ne le quittent guère. Mais les bords de la Loire l'attirent surtout pendant cette période de son règne ; il agrandit le château de Blois et fait construire Chambord, dont les comptes sont réglés par un seigneur d'origine bretonne, François de Pontbriand.

Madame de Châteaubriant, favorite attitrée, le suit forcément dans tous ses déplacements. A Romorantin, séjour de prédilection de Louise de Savoie, elle occupe le Pavillon de Mousseaux, au fond du jardin du château ; à Cognac même, berceau de son amant, elle trouve asile, malgré le peu de faveur dont elle jouit auprès de la mère du roi.

C'est à Châteaubriant que Françoise de Foix perdit sa fille, Anne, qui mourut le 22 avril 1521. Ce fait est relaté dans les marges du rituel-nécrologe du couvent de la Trinité, où elle fut inhumée. Elle venait d'entrer dans sa quinzième année.

Cette même année 1521, Jean de Laval hérita de son cousin François, fils de son oncle Jacques, frère de son père, des terres de Beaumanoir et du comté de Plorhant, en Bretagne. C'est à partir de cette époque qu'il prit le titre de comte : on l'appelait indifféremment comte de Plorhant et comte de Châteaubriant.

Quelle raison avait obligé Françoise de Foix à revenir à Châteaubriant où elle reçut un « étrange recueil » de la part de son mari ? Peut-être la maladie de son amant qui, à cette époque fut « en grand danger de mourir ». En effet, le 6 janvier, à Romorantin, François Ier, ayant appris qu'en l'hôtel du comte de Saint-Pol, un roi de la fève avait été élu, avait voulu, avec ses courtisans, tenter par plaisanterie l'assaut dudit hôtel. Dans la chaleur de l'action, et comme les assiégés en étaient réduits, pour se défendre à lancer aux assaillants ce qui leur tombait sous la main un seigneur imprudent lança par la fenêtre un tison brûlant qui atteignit le roi à la tête. La plaie nécessita la taille des cheveux : c'est depuis ce temps qu'il les porta courts, alors qu'il laissait croître sa barbe. La plaisanterie faillit avoir des suites funestes, puisque le 25 janvier, François fut en danger de mort. La maladie et la convalescence le tinrent près de deux mois inactif; il est donc probable que Françoise de Foix, dont Louise de Savoie ne pouvait supporter le voisinage, reprit le chemin de Châteaubriant, où, par la suite, la maladie et la mort de sa fille la retinrent plus longtemps qu'elle n'aurait voulu.

D'un autre côté, le roi de France dut laisser la guerre des amours, dont il était si friand, pour celle des batailles ; à peine rétabli, il partit pour le nord du royaume pour le défendre contre les troupes de Charles-Quint. La majeure partie de la noblesse l'y suivit : Jean de Laval eut à défendre la petite place de Mouzon, tandis que Bayard défendait Mézières, contre les Impériaux.

La reine Claude, femme de François Ier, venait de mourir à Blois, âgée de 25 ans, le 26 juillet 1524, lorsque le duc de Bourbon et ses alliés assaillirent la ville de Milan. Le roi François, à la tête de son armée forte de « cent mil bouches », entra en Italie, pendant que sa mère, Louise de Savoie, proclamée régente, s'installait à Lyon avec la Cour, pour avoir plus promptement des nouvelles de l'armée et de son fils. La maîtresse du roi l'y suivit, et la crainte d'être obligée de s'éloigner de son amant la rendit plus patiente à souffrir la malveillance de la régente.

François Ier mit le siège devant Pavie ; l'élite de la noblesse française était réunie autour de lui. Thomas de Foix, qui était à Milan, avait rejoint l'armée sans se douter qu'il allait à la mort. On sait quel fut ce désastre : Bonnivet, Buxi d'Amboise, Thomas de Foix, frère de Françoise, et l'un des cousins de son mari, le sire de Laval, étaient au nombre des morts ; François Ier, le roi de Navarre, le maréchal de Montmorency, le sire de Rieux, Clément Marot avaient été faits prisonniers. On le voit, Françoise de Foix était frappée dans ses affections les plus chères.

François Ier, ayant rendu son gantelet à Charles de Lannoy, généralissime des armées de Charles-Quint, fut dépouillé de ses vêtements par les soudards qui l'entouraient. Son chapeau, son panache, son écharpe furent déchirés en morceaux et partagés pour être conservés comme des reliques. On lui prit même la bague que lui avait donnée Françoise de Foix.

Ses blessures ayant été soigneusement pansées, il fut enfermé au château de Pizzighitone pendant que les Impériaux s'occupaient des mesures à prendre pour le transporter en Espagne sans crainte d'évasion. C'est de ce château qu'il écrivit à sa mère : « Madame, pour vous faire savoir comme se porte le reste de mon infortune, de toutes choses ne m'est demeuré que l'honneur et la vie qui est sauve... » Pour Françoise de Foix, il écrivit la première partie d'une longue lettre en vers, dans laquelle il lui donne des détails sur la guerre et sur sa reddition devant Pavie.

Peu de temps après, François fut embarqué sur ses proprès navires ; il aborda à Barcelone le 25 juin, où on lui donna une liberté relative, puis il fut conduit au château de Venyssollo, près de Valence, et le 18 juillet suivant, à Madrid, où était Charles-Quint. Celui-ci retardait de jour en jour l'entrevue qu'il devait avoir avec son prisonnier. Le mois suivant, le roi tombe malade, à tel point que le 18 septembre sa vie est en danger. C'est cet affaiblissement physique et moral qu'attendait l'empereur. Celui-ci le force à signer le traité de Madrid, par lequel, en dehors des clauses purement politiques, François, veuf depuis deux ans de la reine Claude, devait épouser la sœur de Charles-Quint, Eléonor d'Autriche.

C'était sur la Bidassoa que devait cesser sa captivité. Le 17 mars 1526, l'embarcation qui le portait traversa le fleuve, entre Hendaye et Fontarabie. Odet de Foix, que nous trouvons dans toutes les occasions solennelles, remit aux envoyés de Charles-Quint les deux fils de François, en échange de la personne du roi.

Une cruelle déception attendait Françoise de Foix au retour de François Ier en France. Louise de Savoie avait ellemême choisi une nouvelle maîtresse pour son fils : l'occasion était favorable pour éloigner de la personne du roi celle que lui-même était obligé de défendre contre sa mère. La nouvelle favorite était Anne de Pisseleu, fille du seigneur d'Heilly, l'une des suivantes de la régente, et âgée seulement de dix-sept ans. La régente méditait depuis longtemps son projet, et ce n'est pas sans raison qu'elle avait envoyé Anne en Espagne, accompagnant Marguerite de Navarre au chevet du roi malade.

Louise de Savoie ne laissa pas longtemps ignorer à Madame de Châteaubriant l'infidélité de son amant. Françoise s'efforça d'émouvoir la pitié du roi, qui ne lui avait pas encore annoncé la rupture. Mais bientôt elle ne doula plus ; le roi lui-même l'en instruisit.

Dans sa lettre, Françoise fait un parallèle entre son teint brun, sa carnation chaude et son tempérament ardent, et les *« crespez cheveux »*, le teint clair et la peau blanche d'Anne de Pisseleu qui ne donnera pas au paillard qu'est François ce qu'il attend d'elle et ce qu'il exige de ses maîtresses. Elle essaie de reprendre son amant par son côté faible : il n'est plus question ici que des qualités physiques ; le sentiment ne servirait de rien :

Or qui est froid est contraire à nature,...
Doncques blancheur nous est bien fort contraire.

Bien que son infidélité à l'égard de Madame de Châteaubriant fût avérée, il essaya de la persuader que c'était elle qui, au contraire, lui était infidèle. Mais, à dire vrai, quoique se soumettant, par faiblesse de caractère, à la combinaison politique de sa mère, il considérait Françoise, dont la nature artiste et poétique avait avec la sienne tant de points de ressemblance, comme sa maîtresse de cœur, son amie intime, alors que les femmes qu'il désirait et aimait passagèrement, — et même celles qu'on lui imposait, — n'étaient que des passe-temps.

Il serait possible toutefois que François Ier n'ait pas rompu définitivement avec Madame de Châteaubriant aussitôt après sa liaison avec Anne d'Heilly. Un dizain que l'on trouve dans ses poésies semble se rapporter aux trois femmes dans les rets desquelles il se débat, à savoir Eléonor d'Autriche, qui lui est fiancée, Françoise de Foix et Anne d'Heilly :

D'en aymer troys ce m'est force et contrainte,...

Pour insérer dans un dizain le penser que cette situation lui inspire, il a fallu que, dans son esprit, ce dizain fût destiné à une personne capable de le comprendre. Or, cette personne ne peut être que Françoise de Foix :

Mais je scay bien à qui le plus des troys.

## Abandon de Françoise de Foix

Fière, Madame de Châteaubriant ne voulut pas admettre le partage.

François Ier change de maîtresse. « Ainsi qu'un clou chasse l'autre », dit pittoresquement Pierre de Bourdeilles, Anne de Pisseleu succède à Françoise de Foix dans les grâces intimes du roi de France. Cette rupture produisit quelque bruit dans le monde de la Cour. Un manuscrit de la Bibliothèque Nationale fait mention de l'avènement de Mlle d'Heilly au trône des favorites de François de Valois, « qui alors quitta Madame de Châteaubriant ». Un chroniqueur, Arnould Leferron, dit que le roi, trouvant Anne « belle fille et agréable de visage, se plaisait fort en la douceur de sa conversation ». Enfin, François de Belleforest élevé par les soins de Marguerite de Valois, parle, — dans ses *Histoires prodigieuses extraites de plusieurs fameux auteurs*, publiées en 1580, de ces amours qui, selon lui, auraient commencé à Bordeaux. « Quoique plusieurs, ajoute-t-il naïvement, soupçonnassent moins honnestement qu'il ne fallait de cette familiarité, si est-ce qu'on tient que le roi s'en est purgé souvent et protesté qu'il n'aimait cette dame que pour sa grâce et gentillesse ».

Pour humilier Françoise, Anne n'eut rien de plus pressé que de demander au roi de retirer à Madame de Châteaubriant tous les joyaux qu'il lui avait donnés. Cet épisode nous est conté par Pierre de Bourdeilles, qui décidément avait dû beaucoup entendre parler des faits et gestes de notre héroïne.

« J'ai ouï conter, dit-il, et le tiens de bon lieu, que lorsque le roy Françoys eût laissé Madame de Châteaubriant, sa maîtresse favorite, pour prendre Madame d'Etampes, celle-cy pria le roy de retirer de ma dicte dame de Châteaubriant tous les beaux joyaulx qu'il luy avoit donnés, non pour le prix et la valleur, car pour lors les pierreries n'avoient la vogue qu'elles ont eue depuis, mais pour l'amour des belles devises qui y estoient mises, engravées et empreintes, lesquelles la Reine de Navarre, sa sœur, avoient faites et composées, car elle y estoit très bonne maîtresse. Le roy Françoys lui accorda sa prière. Et pour ce, ayant envoyé un gentilhomme vers elle pour les luy demander, elle fit la malade pour le coup, et remit le gentilhomme dans trois jours à venir, et qu'il auroit ce qu'il demandoit. Cependant de despit elle envoya quérir un orfevre, et luy fit fondre tous les joyaulx, sans avoir respect ni acception des belles devises qui y estoient engravées ; et après, le gentilhomme retourné, elle luy donna tous ses joyaulx convertis en lingots. — « Allez, dit-elle, portez cela au Roy, et dites-luy que puisque il luy a plu de me révoquer ce qu'il m'avoit donné si libéralement, que je le luy rends, et luy renvoye en lingots d'or. Quant aux devises, je les ay si bien empreintes et colloquées en ma pensée, et les y tiens si chères, que je n'ay pu permettre que personne en disposât, et jouyt, et en eust du plaisir que moy-mesme ».

» Quand le roy eut reçu le tout en lingots, et ouï les propos de cette dame, il ne dit autre chose, sinon : « Retournez et rendez-luy le tout. Ce que j'en faisoys, ce n'estoit point pour la valleur, car je luy eusse rendu deux fois plus, mais pour l'amour des devises ; et, puisqu'elle les a fait ainsi perdre, je ne veulx point de l'or, et le luy renvoye. Elle a montré en cela plus de courage et de générosité que je n'eusse pensé provenir d'une femme. Un cœur de femme généreuse despité, et ainsy desdaigné, fait de grandes choses. »

Le charme était rompu du côté de François Ier envers son ancienne favorite. Tout semble fini entre eux, momentanément du moins, et, avant de reprendre le chemin de Châteaubriant, Françoise tente, une fois encore, de ramener à elle son infidèle amant. Elle lui écrivit une longue épître en vers alexandrins, qui prouve que cette femme avait l'âme d'une grande poétesse : nous ne pouvons en donner ici que la fin :

Souventes foys, dormant, à songer je me boutte
Qu'on te veult faire mal ; par quoy je tremble toute.
Ainsy, par toy, cruel, en quelque lieu que voise (1)
Je ne puys treuver lieu où me treuve à mon ayse.
Bien difficile il est d'amour vraye et non faincte,
Jamays pouvoir aymer sans avoyr doubte et crainte ;
Tu vys doncques bien ayse, ayant joye sans dueil,
Et je gecte en plorant les grosses larmes d'œil.
De ma mort briefve veoyr tu as certes envye,
Mais tout le myen désir est te veoyr longue vye.
Je voys que de mes yeulx ne pourront plus sortir
Eaulx, larmes ny grandz pleurs pour mon feu admortir ;
Ny de mon estommach n'est plus souspir qui saille
Dont trop plus seiche suys que le boys sec ou paille.
Desormays il convient que mon malheur en somme
Dedans le feu d'amour avecq mon corps consomme.
Voicy doncques d'amour l'extresme et dernier signe
Qu'à toy, ingrat amy, j'envoye ains que je fine.

Plus ne pouvant escripre, je faiz fin à ma lectre,
Apres laquelle voiz à la mort me soubzmectre,
Sans nulle guarison actendre ou médecine,
Ne desirant santé, car ne m'en sentz pas digne.
Devant mes yeulx la veoy pas trop triste et horrible
Venant mectre la fin à ma peine terrible,
Puisqu'elle a le pouvoir guérir et faire seine
La pensée en ce monde qui ne vous rend que peine.
Dont à moy seulle elle est propice et aggreable,

(1) Que j'aille.

Aux aultres est terrible et trop épouvantable,
Mais si jamais tu fuz par amour enflammé
De moy, qui de bon cueur si long-temps t'ay aimé,
Si passes par icy après le myen trespas,
Je te prie t'arrester sans marcher oultre ung pas,
Jus qu'à ce qu'ayez veu, par ceste pourtraicture
Ceste myenne epytaphe et dolente escripture :

EPITAPHE :

Une femme, gisant en ceste fosse obscure,
Mourut par trop aymer d'amour grande et naifve ;
Mais combien que le corps soit mort sans peine dure,
Joyeulx est l'esperit de sa foy qui est vifve. »

Tant de douleur, si tendrement, si pathétiquement exprimée, ne put rien sur le cœur inconstant et oublieux du Roi frivole. Il usa de nouveau du stratagème déloyal qui lui avait déjà réussi, et accusa son ancienne maîtresse d'infidélité. Il ne prit pas le temps de lui répondre par une missive, mais se contenta de lui faire parvenir ce huitain :

Mon innocence en cueur ingrat gravée
Me faict haïr service, foy et temps ;
Puisque condampne tout le bien de present
En rude exil, par moy non approuvée,
Tu me congnoys, et non ta cruaulté ;
Tu me pugnis, et non la tienne offense ;
Tu me tiens tord de mon obéissance
Me pugnissant pour ma grant loyaulté. »

Le recueil contenant la correspondance amoureuse de François Ier et de Françoise de Foix a été heureusement conservé. C'est un petit in-folio en vélin blanc, orné de lettres en or et en couleur assez mesquines ; on y remarque des corrections de l'écriture de François Ier dont le nom figure dans le titre des pièces ; on y remarque aussi des traces de larmes qui seraient tombées sur les feuilles, et auraient été essuyées avec le doigt. « On ne peut douter, dit Paul Lacroix, que ces lettres sont les derniers soupirs des amours de François Ier et de Françoise de Foix. » Ainsi, au-dessus de cette époque prodigieuse que l'on a appelée la Renaissance, époque si féconde en hauts faits et en grandes actions ; au-dessus de tout ce tumulte de voyages, de ce bruit de guerres et de conquêtes, d'expéditions grandioses et extraordinaires ; au-dessus des luttes soulevées par le schisme, des discussions violentes suscitées par les querelles littéraires et artistiques, au-dessus de tout cela, nous apparait cet humble recueil de vélin blanc, livre d'amour de nos deux amants, tant il est vrai qu'un souvenir d'amour est encore ce qu'il y a de plus durable.

## Retour à Châteaubriant

Donc, Madame de Châteaubriant avait quitté la Cour de la régente, avec qui elle ne vivait pas en bonne intelligence ; elle s'était plainte au roi des humiliations et des malignités que lui faisait subir « ceste méchante creature ». Elle ne partit pas aussitôt après la défaite de Pavie, mais quelque temps après, alors que François Ier était encore prisonnier en Italie. Son départ eut lieu probablement lorsque le roi fut transporté en Espagne. Elle revint à Châteaubriant. Nous avons vu que tout ce qu'elle fit pour reconquérir le cœur de son amant avait été vain.

Ce que nous avons dit du caractère de Jean de Laval peut parfaitement faire conjecturer qu'il revit sa femme avec plaisir, ( les alternatives de passions sont assez dans l'humeur des jaloux ), jusqu'à reprendre avec elle la vie qu'ils avaient vécue ensemble à Châteaubriant, avant l'avènement au trône du comte d'Angoulême. Nous pouvons même ajouter que ce fut cet éloignement de la Cour qui suscita à la mère du roi l'idée de lui donner, comme favorite, une personne moins en désaccord avec elle, dans ses vues politiques et ses ambitions intimes, plus facile à dominer que ne l'était la comtesse de Châteaubriant.

Mais aussi, d'une lettre en forme d'élégie écrite en 1528 par Clément Marot, à Madame de Châteaubriant, on peut inférer que Jean de Laval tenait sa femme en « chartre privée », c'est-à-dire enfermée dans le donjon du château transformé par Françoise de Dinan, qu'il avait choisi comme habitation. Les vers de Marot n'ont pas besoin d'éclaircissement :

Gente Danes, de Juppiter aymée,
Dedans la tour d'*arain bien enfermée*,
Puisque fortune, adverse de tout bien,
Est maintenant envieuse du mien,
Puisque parler à vous ne puys et n'ose,
Que puys-je faire or endroict aultre chose,

Fors par escript novelles vous mander
De mon ennuy, et vous recommander
Le cueur de moy, dont avez jouyssance ;
Le cueur, sur qui nul autre n'a puissance ;
Le cueur qui feut de franchise interdit
Quand prisonnier en voz mains se rendit ;
Et derechef prisonnier confermé
Avecques vous *en la tour enfermé.*

Jean de Laval et Odet de Foix, seigneur de Lautrec, vivaient en bonne intelligence. Nous ne voyons pas que le seigneur de Châteaubriant ait eu avec son autre beau-frère, André, les mêmes relations amicales. En ce temps de guerres continuelles, les seigneurs ne se mettaient guère en campagne sans faire au préalable leur testament, ou prendre autres dispositions en cas de mort. En 1527, Odet, qui allait être choisi comme généralissime des armées d'Italie, fit son testament à Lyon et désigna comme principal tuteur à ses enfants Jean de Laval.

Guillaume du Bellay, seigneur de Langey, qui fut témoin de la plupart des choses qu'il a écrites, nous apprend dans ses mémoires que le comte de Châteaubriant avait, en 1528, une compagnie de cent hommes d'armes des ordonnances du roi. Cette compagnie faisait partie de l'armée que François Ier avait envoyée en Italie, conjointement avec celle dont Odet de Foix avait le haut commandement, et qui était alors occupée au siège de Naples. C'est devant cette ville que Lautrec devait trouver la mort, emporté par la peste qui sévissait parmi ses troupes. Jean de Laval revint au mois d'octobre suivant et s'arrêta au château de Montrond, en Bourbonnais, où étaient élevés les enfants d'Odet ; puis il reprit le chemin de Châteaubriant, amenant avec lui la fille unique de son beau-frère, Claude de Foix, encore enfant.

Nous ne savons rien de la vie de Jean de Laval et de Françoise de Foix pendant les quelques années qui suivirent la mort de Lautrec. Jean était toujours bien en cour, puisque son cousin Guy de Laval, XVIe du nom, gouverneur et amiral de Bretagne, étant mort le 20 mai 1531, François Ier désigna Jean pour le remplacer dans sa charge. La lettre patente est datée du 9 juin. On voit que le seigneur de Châteaubriant succédait aux frères de sa femme dans les bonnes grâces du roi ; aussi ne peut-on s'empêcher de sourire quand on lit dans l'*Histoire* de Varillas : « On l'aurait élevé aux premières charges, s'il eût été d'humeur à préférer l'ambition à l'honneur, mais il refusa toujours ce qu'il soupçonnait lui être offert en considération de sa femme... » Voici donc le mari de Françoise de Foix devenu le plus haut personnage de Bretagne : nous devons dire que le roi le récompensait ainsi de l'aide qu'il lui avait toujours donnée dans la politique d'union de cette province à la France, politique qui était la raison pour laquelle Jean de Laval, partisan de la cause française, était détesté de nombre de seigneurs bretons.

Les *Cronicques de Bretagne* nous apprennent la visite que firent, au mois de mai 1532, à Châteaubriant, les membres de la famille royale et la nombreuse suite de dames et de gentilshommes qui l'accompagnait dans ses moindres déplacements. Et la circonstance était solennelle : il s'agissait, en effet, de faire ratifier, par les Etats de Bretagne, la réunion du duché au royaume de France. François Ier data de Châteaubriant six édits, qu'on appelle pour cela les *ordonnances de Châteaubriant* : il en signa trois le 16 mai, et trois autres les 1er, 8 et 14 juin suivants. L'une de ces ordonnances a pour but de mettre un frein aux exigences des hôteliers des villes où séjourne la Cour, et premièrement ceux de Châteaubriant, car le château-fort, malgré ses vastes dimensions, ne pouvait contenir et héberger la foule de courtisans qui composaient l'escorte du magnifique roi de France, et force leur fut de demander gîte aux hôtelleries de la Tête-Noire et du Sauvage, ou autres, fort nombreuses à Châteaubriant.

Le 31 mai, François Ier donnait à son ancienne favorite les revenus des seigneuries de Sucinio, de Rhuys et de l'Estrenic, au diocèse de Vannes. Un historien méchant, Daru, donne à entendre que le roi payait ainsi autre chose que l'hospitalité.

Les forêts giboyeuses qui avoisinent Châteaubriant et qui faisaient partie du domaine de la baronnie, le vaste parc de la baronnie même, permettaient au seigneur de céans de faire goûter à son hôte royal le plaisir des grandes chasses. C'est sans doute au retour d'une de ces chasses dans la forêt de Teillay que le cheval du roi renversa une jeune fille qui venait à lui pour lui offrir des fleurs, au passage de la chevauchée à Rougé. La légende ajoute que François Ier voulut passer la nuit au chevet de la blessée, qui avait été grièvement contusionnée, et qu'il ne voulut continuer sa route que lorsqu'il la sut hors de danger. C'est depuis ce temps, dit-on, que la maison qu'habitait la jeune fille s'appelle, en souvenir de cette veillée royale, *la Court-au-Rey.*

Il est probable que Madame de Châteaubriant suivit la cour à Nantes, où le roi et son fils firent une entrée solennelle dans les premiers jours d'août, et à Rennes, où Jean de Laval, comme gouverneur de Bretagne, devait présider aux cérémonies du couronnement du dauphin comme duc de Bretagne. De Rennes, le dauphin et sa suite retournèrent à Nantes, où, le 18 août, le nouveau duc (François III) fut reçu solennellement par Jean de Laval, gouverneur et amiral de Bretagne.

Au mois d'octobre 1532, le 30, Françoise de Rieux, mère de Jean de Laval, mourut au château de Châteaubriant, laissant à son fils les seigneuries de Derval, Rougé, Malestroit, Château-Giron, etc. etc., lesquelles, ajoutées à celles qu'il possédait déjà de l'estoc paternel, lui constituèrent un domaine productif d'une immense fortune. Le corps de Françoise de Rieux fut inhumé près de ceux de son époux, François de Laval, et de sa petite-fille, Anne, dans le chœur de la chapelle du couvent de la Trinité de Châteaubriant.

C'est pendant le séjour de la Cour à Châteaubriant que Jean de Laval réunit un congrès d'architectes, pour discuter de la construction d'un château dans le style alors en faveur. La charge de gouverneur de Bretagne dont il avait été gratifié et l'énorme fortune dont il jouissait lui imposaient l'obligation de faire grand et magnifique : cela d'ailleurs était dans ses goûts, et le premier seigneur de Bretagne voulait l'emporter sur tous les gentilshommes qui faisaient alors transformer ou reconstruire le vieux manoir de leurs ancêtres. Il fit appel non seulement aux architectes de la province, mais encore à ceux du dehors, et les étrangers, surtout les Italiens, ne manquaient pas en France à cette époque, bien que la plupart travaillassent sous la direction des maîtres d'œuvre français. Les lettres patentes, données en faveur du Rosso, datées de Châteaubriant, mai 1532, prouveraient que cet architecte vint en cette ville à cette époque, apparemment pour le congrès d'hommes de l'art convoqué par Jean de Laval. Les travaux durent commencer l'année suivante ; les « gothiques » et les Italiens furent écartés : ce fut un maître d'œuvre de la région ligérienne qui fut choisi.

De grands échafaudages se dressaient dans la partie orientale de la cour extérieure du château de Châteaubriant ; d'énormes monceaux de tuffeaux, amenés des bords de la Loire à grands renforts de barques et de chariots, l'encombraient, mêlés aux troncs d'arbres tirés des forêts de la baronnie, lorsqu'une fête grandiose, qui évoquait le souvenir de celles qui avaient eu lieu lors du séjour du roi François et de la reine Eléonore, vint donner de l'animation à la petite ville bretonne. En effet, le 22 octobre 1535, eurent lieu à Châteaubriant les fiançailles et le mariage de Guy XVII, comte de Laval, neveu de Jean de Laval, avec Claude de Foix, fille d'Odet, seigneur de Lautrec, et par conséquent nièce de Françoise de Foix, que celle-ci élevait près d'elle depuis six ans. Jean de Laval était d'ailleurs tuteur de ces deux enfants, dont le mariage était depuis longtemps projeté.

Le procès-verbal de la cérémonie, à laquelle assistèrent nombre de grands seigneurs et dames de la région, nous apprend que pour rendre la fête plus populaire on avait orné la halle de la ville, et que Louis d'Acigné, évêque de Nantes, les y fiança le jour même, devant tous les officiers du château et de la ville et le peuple assemblés. La bénédiction nuptiale leur fut donnée le lendemain, dans la chapelle du château, par le même évêque de Nantes.

## Mort de Françoise de Foix

La faveur royale continue à s'attacher à la personne du seigneur de Châteaubriant : par lettres du 8 août 1536, le roi créa Jean de Laval son lieutenant-général en Dauphiné, Lyonnais, etc. Pour l'exécution de ses multiples devoirs, il est probable que Jean de Laval, quoique d'une santé précaire, devait s'absenter souvent de Châteaubriant. Quant à Françoise de Foix, nous la voyons prendre part aux querelles littéraires de l'époque, se mêler aux disputes entre Marotins et Sagontins, et même prendre parti pour Sagon contre Marot. Quelles raisons avait notre poétesse pour se déclarer l'adversaire de Marot, qui avait toujours été son ami ? L'alternance des rimes masculines et féminines était-elle cause des dissentiments qui séparèrent les deux compatriotes ? Clément Marot demeura l'ami de Jean de Laval à qui il dédia son livre d'*Epigrammes*.

Françoise de Foix ne devait pas jouir longtemps de sa nouvelle et splendide habitation, où le luxe des appartements se mêlait à la noblesse de l'architecture ; les vitraux venaient d'être posés, les tapisseries appendues au devant des trumeaux, les dorures et les sculptures de ses appartements étaient à peine terminées, qu'elle mourut inopinément, le 16 octobre 1537. Son corps, transporté processionnellement à Saint-Jean-de-Béré et exposé pendant trois jours dans la chapelle du couvent de la Trinité, fut ensuite inhumé dans les caveaux de cette chapelle, près de sa fille, de son beau-père et de sa belle-mère.

Clément Marot, sans doute à la prière de Jean de Laval, composa une épitaphe en vers français, qui fut gravée sur une dalle de schiste du pays. Les lettres en furent dorées et argentées, et la table, scellée dans le fond de l'arcade qui renfermait le tombeau, fut surmontée d'un écu parti aux armes de Châteaubriant et de Foix. Et ce fut tout : point de mausolée, point de statue.

Quand les commissaires de la Révolution firent la recherche des cercueils de plomb que contenaient les enfeus, ceux de la Trinité furent mis au jour et vidés des restes humains qu'ils renfermaient. Un témoin oculaire a raconté que lorsqu'on ouvrit celui de Françoise de Foix, on vit que les cheveux de la morte, continuant de croître après le trépas, avaient passé entre les interstices des planches du cercueil de chêne.

L'épitaphe échappa seule au désastre, et, retrouvée après la Révolution, fut recueillie par un officier de justice qui en orna sa maison. On la voit longtemps après dans la chapelle du château de Monthorin (Ille-et-Vilaine), dont le propriétaire, M. de la Riboisière, en fit don à M. Récipon, propriétaire de la Roche-Giffart. Mme Veuve Récipon a bien voulu la donner au Musée de Châteaubriant.

L'auteur de ce livre a été assez heureux pour retrouver la table de schiste bleu qui porte l'épitaphe composée par Marot à la louange de la Dame de Châteaubriant, son amie et compatriote. C'est une dalle qui mesure (dans son état actuel) un mètre de longueur sur quarante-six centimètres de largeur. On la peut voir, encadrée et sous verre, en raison de son mauvais état, dans la chambre même que devait habiter Françoise de Foix, au château de Châteaubriant.

Voici le dizain de Clément Marot :

FF PEV . DE . TELLES FF

PROV . DE . MOINS

SOVBZ . CE . TVMBEAV . GIST . FRANCOISE . DE . FOIX
DE . QVI . TOVT . BIEN . TOVT . CHECVN . SOVLOIT . DIRE
ET . LE . DISANT . ONCQ . VNE . SEVLLE . VOEX
NE . SAVANCZA . DY . VOVLOIR . CONTREDIRE
DE . GRANT . BEAVLTE . DE . GRACE . QVI . ATTIRE
DE . BON . SCAVOIR . DINTELLIGENCE . PROMPTE
DE . BIENS . DHONEVRS . ET . MYFVLX . Q . NE . RACOPTE
DIEV . ETERNEL . RICHEMENT . LESTOFFA
O . VIATEVR . POVR . TABREGER . LE . COMPTE
CY . GIST . VNG . RIEN . LA . OV . TOVT . TRIVMPHA.

POINT . DE . PLVS

FF DECEDÉE . LE . 16 . DOCTOBRE . LAN . 1537 FF

On remarquera que le graveur a écrit FRANCOISE. L'épitaphe est malheureusement incomplète et en partie illisible, le schiste s'étant usé et exfolié, et la table ayant été brisée au cours de ses trop nombreux voyages. Le dernier vers du dizain :

CY GIST VNG RIEN LA OV TOVT TRIVMPHA

et la date de la mort :

DECEDEE LE 16 D'8BRE LAN 1537

qui était contenue dans la bordure inférieure, manquent entièrement. De la devise PROV DE MOINS, les deux premiers mots et les deux premiers du neuvième vers, O VIATEVR, sont effacés. Un seul des quatre angles est intact, portant encore les lettres FF soulignées d'une accolade.

La mort imprévue de la Dame de Châteaubriant causa quelque stupeur et eut un grand retentissement. Le roi François, au milieu des réjouissances de Fontainebleau, repris un instant par le souvenir de son ancienne maîtresse, composa à sa mémoire un rondeau-épitaphe qui n'eut point les honneurs de celui de Marot. Un autre poète, protégé, comme Marot, du comte de Châteaubriant, Nicolas Bourbon, précepteur du fils aîné de Lautrec, publia, en 1538, une épitaphe qui renferme à peu près la même pensée et les mêmes éloges, et fait de Françoise de Foix « une héroïne incomparable »

Enfin, François Sagon lui-même, ami de la défunte, sa protectrice, composa, comme témoignage de sa reconnaissance, un long poème intitulé *Le Regret d'honneur féminin et des trois Grâces sur le trépas de noble Dame Françoise de Foix, dame de Châteaubriant, et miroir de noblesse féminine*. Sagon, qui nous semble avoir vécu, sinon dans l'intimité, du moins dans le voisinage de la comtesse de Châteaubriant, doit, croyons-nous, mériter toute notre confiance, et les renseignements qu'il donne de ci de là dans son ouvrage sont précieux en plus d'un point. Il paraît ignorer, ou tout au moins oublier, les anciennes amours de sa protectrice, et, dit Paul Lacroix, « il va plus loin que la pudeur de l'éloge le permettait, lorsqu'il fait une sainte de la maîtresse de François Ier. » Constatons, en effet, qu'il insinue que l'amour conjugal balançait dans le cœur de son héroïne « l'autre amour », c'est-à-dire l'amour royal, qui n'y fut jamais complètement éteint. On peut s'en rapporter néanmoins, à certains passages laudatifs qui nous dépeignent toute la valeur morale, la science et les mérites de celle qui fut la favorite du roi-chevalier.

Parlant de la mort prématurée de Françoise de Foix, Sagon dit :

> Ceste dame est morte avant age
> Et eut tous biens, fors grande part
> De vivre, avant le sien despart
> Que mort où l'on ne remédie
> Lui hasta d'une maladie.

Une maladie hâta la mort, dit le poète. Mais tous les contemporains de François Sagon ne furent pas de son avis. Quelque temps après la mort de la Dame de Châteaubriant, on accusa sourdement Jean de Laval de l'avoir tuée par jalousie. Sagon avoue lui-même que cette mort, si prompte et si imprévue, fut vivement commentée et qu'elle donna sujet à des bruits calomnieux, qu'il n'ose articuler, mais auxquels il ne peut s'empêcher de faire allusion :

> Le dieu Momus, qui reprend et qui mord
> En ceste mort, feindra médits et blâmes... »

Jean de Laval avait été gravement malade au mois d'août de cette année 1537 : pour implorer du ciel sa guérison, le clergé de Saint-Jean-de-Béré avait « mené » une procession à Saint-Julien-de-Vouvantes, le 9 septembre, procession à laquelle on porta une bannière de velours cramoisi, sur laquelle il y avait « ung sainct Jehan d'ung causté et ung sainct Françoys de l'aultre, » qui avait été offerte à la paroisse par Françoise de Foix.

Dans une lettre écrite au roi son frère, Marguerite de Navarre, venue en Bretagne pour faire visite au vicomte de Rohan, nous apprend le mauvais état de santé de Jean de Laval. La lettre est datée « de la Basse-Bretagne, novembre 1537 : « ... J'ai vu monsieur de Chasteaubriant qui a esté si près de la mort, que à peine le pouvoit-on reconnoistre, et si a eu bien grant regret de sa femme. Mais le bon traictement qu'il vous a plu lui faire et la joye qu'il a eue de me veoir l'a fort amendé... »

Quelque temps après, Marguerite écrivait au connétable de Montmorency et lui donnait des nouvelles de son cousin de Châteaubriant, qu'elle avait visité dans son nouveau château :

«... Il faut que je vous dise deux choses : l'une, que j'ai vu à Châteaubriant le seigneur de la maison ayant encore un peu de fièvre dont il a este guary à ma venue, et m'a faict telle chère que vous pouvez penser... L'autre point est de mademoiselle de Laval, qui est si fort ennuyée depuis la mort de sa tante et si se faict une grande désespérance... »

Jean de Laval avait le dessein de donner au connétable de Montmorency une partie de son immense domaine ; mais la coutume de Bretagne s'opposant à cette donation, le seigneur de Châteaubriant suscita des propositions de réforme à la dite coutume. Y ayant réussi, le contrat par lequel il donnait le tiers de ses biens fut passé à Paris le 5 janvier 1540 (n.s.) ; il s'en reservait toutefois l'usufruit sa vie durant. L'année suivante, il vendit à Jacques de Montgommery, seigneur de Bourgbarré, la moitié de la chatellenie du Désert, en Haute-Bretagne, et en 1542, l'autre moitié à son neveu Guy XVII, comte de Laval. Quelques auteurs ont prétendu que Jean de Laval n'aurait fait donation de la baronnie de Châteaubriant à Montmorency que pour se sauver des poursuites dirigées contre lui à cause de la dilapidation des revenus destinés à la canalisation de la Vilaine : revenus qui, disent-ils, auraient été employés à la construction de son château. Nous croyons plutôt à la cupidité du connétable, et à l'ascendant de son esprit, aiguisé par l'amour des richesses, sur l'esprit faible, indécis et tourmenté du seigneur de Châteaubriant.

Jean de Laval avait donné ordre à Angelot Blanchet, son tailleur et favori, de brûler tous les vêtements d'apparat que Françoise de Foix avait portés autrefois à la cour de France. Blanchet n'en fit rien ; il les garda et les cacha dans sa maison, et, plus tard, quand son maître fut défunt, il les donna à la paroisse de Béré qui en fit faire des ornements d'église.

La santé du baron de Châteaubriant ne s'étant pas améliorée, une nouvelle procession fut « menée », en 1542, à l'abbaye de Saint-Sauveur de Redon, pour obtenir sa guérison ; mais elle demeura sans effet, et, l'année suivante, le 11 février, Jean de Laval mourait en son château de Châteaubriant, âgé de cinquante-six ans. Son corps fut déposé, enfermé dans une châsse de plomb, au milieu de la chapelle du château, en attendant que la chapelle Saint-Nicolas, située dans le centre de la ville et qu'il avait fait reconstruire, fut complètement achevée.

## Françoise de Foix et la tradition

Cependant la tradition s'imposait dans le pays du meurtre de Françoise de Foix par son mari. Et cette tradition y persiste encore, dramatisée par les affabulations des romanciers, corrompue par les inventions des habitants du pays. Elle est surtout vivace dans le pays de Joué et de la Meilleraye, où les seigneurs de Châteaubriant possédaient la châtellenie de Vioreau, annexe de la baronnie de Châteaubriant. On raconte encore dans cette contrée que la dernière dame de Vioreau fut maltraitée et finalement tuée par son mari jaloux. Or, la dernière dame de Vioreau fut précisément Françoise de Foix, dont la mort inopinée a probablement donné naissance à la légende dramatique de la « Dame de Vioreau. » Il se pourrait fort bien que cette légende ne fût que le récit amplifié, dramatisé et nécessairement altéré par les narrateurs contemporains, du drame domestique du château de Châteaubriant.

Jean de Laval était d'un caractère excessivement violent et fantasque ; nous le voyons constamment partagé entre la jalousie et l'indifférence, la résignation et la révolte. Si d'Argentré, ne voyant que le guerrier, dit de lui qu'il fut « preux et magnanime, plein d'esprit, prudent, avisé et fort magnifique », par contre, Bouguier nous apprend qu'il avait des moments d'égarement, et impute même la donation de son domaine à une aliénation d'esprit causée par ses malheurs. Mais nous avons d'autre part une preuve de sa brutalité dans ce passage d'une lettre écrite en 1521 par Marguerite d'Angoulême, sœur de François Ier, à Guillaume de Montmorency, père du connétable :

«... Je treuve fort estrange que le seigneur de Chateaubriant *use de main mise* ; mais c'est pour dire gare à ceux qui luy voudroient faire ung mauvais tour ; *au regart de le dame*, l'on dict volontiers : tel se mire qui n'est pas beau et tel se baigne qui n'est pas net ; il y en a icy qui ne feront pas tant de mines, mais si a-t-il assez de beaulté, de grâce et de parolle pour donner trente à l'aultre et le premier des deux avecques... »

Donc, le comte de Châteaubriant usait de violences envers sa femme, même pendant que celle-ci était la maîtresse du roi. Les diverses anecdotes contées par Brantôme, touchant ces amours royales, viendraient corroborer ce que dit Marguerite. Il se peut donc fort bien que, dans un accès de fureur jalouse, il ait frappé sa femme d'un coup mortel, et, celle-ci morte, se soit jeté dans le chagrin et le désespoir : ceci est assez dans le caractère des jaloux.

Le procès intenté au connétable de Montmorency par les héritiers naturels de Jean de Laval eut un retentissement énorme et dura fort longtemps. La personnalité du comte-gouverneur fut mise en évidence, et Séguier, avocat du connétable, écrivit un factum qui commençait par ces mots : « Les malheurs qui ont accompagné la vie de M. de Chasteaubriant sont si connus de la France, qu'il est inutile de les rapporter. » Il y est aussi question de la mésintelligence de la femme et du mari. « Or, fait remarquer à ce sujet l'historien Gaillard, comme, à en juger par les honneurs dont il fut revêtu, sa carrière fut brillante et heureuse, il paraît que ses malheurs si connus ne furent que ses disgrâces de mari, et ses égarements pourraient bien n'être que la vengeance qu'il en tira. »

Cependant, aucun n'osa accuser formellement Jean de Laval d'avoir tué sa femme. Brantôme, seul, osa faire allusion à ce meurtre, en paroles couvertes, mais bien claires selon nous, dans ses célèbres *Mémoires*, qui devinrent plus tard, les *Vies des Dames Galantes*. Le passage désigne évidemment Françoise de Foix ; il peut être rapproché de l'élégie de Marot :

« J'en ay cogneu d'autres dames, favorisées ainsy des roys et des grands, qui portoyent ainsy leurs passeports partout : toutesfois si en avoyent-ils aulcunes qui passoyent le pas, auxquelles leurs marys, s'aydoient des poisons et morts cachées et secrettes, faisant accroire que c'estoyent catherres, apoplexie et mort subite,... ou bien les font mourir entre deux murailles, en chartre perpétuelle, comme nous en avons aulcunes chroniques anciennes de France, et j'en ay sceu un grand de France, qui fit ainsi mourir sa femme, qui estoit une fort belle et honneste dame, et ce par arrest de la cour, prenant son petit plaisir par cette voye à se faire déclarer cocqu... »

Ce passage des *Dames galantes* devait être paraphrasé par les historiens et les romanciers qui s'occupèrent de l'histoire de Madame de Châteaubriant. Peu de femmes ont, selon l'expression vulgaire, plus fait couler d'encre, et sa mémoire a été universalisée par l'histoire, la poésie, le roman, le théâtre, la gravure, la sculpture, etc.

Il est inutile de dire que cette question de l'assassinat de Françoise de Foix par son mari ne sera jamais complètement élucidée,l'accusation ne repose sur aucune preuve matérielle, l'accusé n'a comparu devant aucun tribunal. Nous n'avons donc contre Jean de Laval que des présomptions, très sérieuses il est vrai, mais enfin qui ne s'appuient que sur des hypothèses. La mort de l'ancienne favorite fit grand bruit dans toute la France, et l'imprévu de cette mort, ajouté à ce que l'on disait de la violence de caractère et de la faiblesse de son mari, ne contribua pas peu à imposer immédiatement la croyance en l'assassinat, ou tout au moins en la mort causée par un acte de brutalité. Les restrictions, exprimées par Sagon à la fin de son poème, sont un indice que nous ne devons pas négliger.

La tradition s'emparait donc de l'événement. Elle prit bientôt une telle extension que le bruit en dépassa les limites de la baronnie, et emplit de sa rumeur la cour, puis la France entière. François Ier, tout au mariage de sa fille avec Jacques d'Ecosse, ne s'en occupa que le temps d'écrire un rondeau à la mémoire de celle qui fut son amie de prédilection. Mais Pierre de Bourdeilles, qui écrivait ses *Mémoires* alors même qu'il n'était partout question que du procès mû contre Montmorency, n'eut garde de manquer de s'emparer de l'anecdote, celle qui lui en fournissait le sujet ayant été « une des plus grandes qui fussent au monde. » D'ailleurs, l'eût-il ignorée, sa tante, Madame de Dampierre, qui avait passé la plus grande partie de sa vie à la cour de François Ier, la lui aurait apprise. Le témoignage de Pierre de Bourdeilles, contemporain de Françoise de Foix, est, selon nous, d'une grande valeur, car, parmi les maîtresses royales, nous ne voyons guère que Madame de Châteaubriant qui soit morte de mort imprévue.

## DEUXIÈME PARTIE

### Le roman dans l'Histoire

Le premier en date des historiens qui aient publié le récit du meurtre prétendu de Françoise de Foix est le moine Albert Le Grand, dans son *Catalogue des Evêques de Nantes*, qui parut à la suite de ses *Vies et miracles des Saints de la Bretagne Armorique*, éditées à Nantes de 1634 à 1636.

« Du temps de François Hamon, Jean de Laval, fils de François de Laval et de Françoise de Rieux, que la reine Anne avait marié avec Françoise de Foix, sœur d'Odet de Foix, vicomte de l'Autrec, bastit l'agréable et plaisant chasteau de Château-Briand auprès de l'ancien. Sa compagne estoit la merveille de son temps en beauté, mais autant recommandable pour ses vertus. Elle mourut l'an 1537, de mort violente et advancée par son mary, qui la fit saigner en un pied, sur un soupçon de son infidélité... »

Cinquante années plus tard, Varillas, historiographe de Louis XIV, dont nous avons déjà parlé, s'étend longuement sur les amours de François Ier et de Madame de Châteaubriant, et sur les circonstances de la mort de cette dame. Il leur consacre tout un livre de son *Histoire*, et entremêle son récit d'anecdotes romanesques qui font honneur à son imagination, mais enlèvent à la créance qu'on accorde d'ordinaire à tout historien sérieux. Les affabulations de Varillas firent le succès de son livre, dont plusieurs éditions se vendirent en peu de temps : l'auteur disait avoir pris le récit de l' « accident tragique », survenu à la « fameuse comtesse de Châteaubriand » dans un mémoire tiré des archives du château de Châteaubriant.

Varillas fait mourir Françoise de Foix en 1526, — et ce détail prouve combien peu il consultait les papiers d'archives, — aussitôt après la prise de François Ier devant Pavie, « la comtesse demeurant exposée à la haine de la Régente, et à la vengeance de son mary. »

« Comme il n'y avait point de retraite pour elle parmy les siens, — dit-il, — elle fut contrainte d'en chercher une à Chasteau-Briand. Son mary la reçut d'une manière qui, toute bizarre qu'elle estoit, faisoit pourtant juger qu'il pourrait à la longue se radoucir. Il ne la voulut point voir, et la fit enfermer dans une chambre qui semblait être destinée à la pénitence, puisque tout le meuble en étoit noir. Il permit à leur fille, qui avoit sept ans, de manger avec elle ; et il ne pouvoit lui-même s'empescher de les regarder quelquefois durant les repas, d'un lieu où elles ne le voyoient pas ; ni de comparer la beauté naissante de l'une à celle de l'autre, qui étoit dans le point de sa perfection. Ce traittement ne dura que six mois, parce que la fille ne dura pas plus longtemps ; et le Comte n'ayant plus devant ses yeux cet objet uniquement aimé, qui luy demandoit grâce pour sa mère, ne pensa plus qu'à satisfaire sa vengeance. Il entra dans la chambre de sa femme avec six hommes masqués, et deux chirurgiens qui saignèrent la Comtesse aux bras et aux jambes, et la laissèrent mourir en cet état. Le Roy se proposa d'abord de faire une punition exemplaire des coupables, mais une nouvelle inclination luy fit perdre le souvenir de sa précédente maitresse.

» Le Comte ne s'oublia pas aussi dans l'excès où sa jalousie l'avait porté. Il prévint les premières poursuites de la justice par un exil volontaire, et demeura parmi les étrangers tant que la Maison de Foix fut en état de le poursuivre. Il s'adressa ensuite au connétable de Montmorency dont la faveur s'était augmentée par la mort de Bonnivet et de Montchenu, qui avoient partagé avec luy la faveur du Roy. Il offrit de luy faire une donation entre vifs, pourvu qu'il le tirât d'affaire, et Montmorency aima mieux acquérir la terre de Chasteau-Briand par cette voye, que par celle de la confiscation qui l'auroit engagé à des démêlez éternels avec la maison de Laval, dont etoit le Comte.

» Le Roy se consola de la perte de la Comtesse avec d'autant plus de facilité, que sa nouvelle amour ne luy permettait plus de penser à la précédente... Helli fut plus heureuse que la Comtesse de Chasteau-Briand, puisqu'elle trouva en la personne du duc d'Etampes un mary qui la laissa vivre à sa mode, ou qui ne s'en formalisa pas jusqu'à entreprendre sur sa vie. »

Un autre historien du XVIIe siècle, Châlons, partageant les erreurs de Varillas, mentionne de la même manière, dans son *Histoire de France*, la mort de Françoise de Foix :

« La prison du roi fut funeste à la Comtesse de Châteaubriant. Son mari prit ce temps-là pour lui faire sentir les effets de sa jalousie et de sa vengeance ; il la fit mourir en lui faisant ouvrir les veines. »

Le roman imaginé par Varillas et mêlé par lui aux chapitres de son *Histoire de François premier*, fit la fortune de cet ouvrage. Quelques autres auteurs renchérirent encore sur les affabulations de Varillas, et racontèrent l'histoire de la comtesse de Châteaubriant sous des titres divers. En 1694, l'éditeur des *Galanteries des Rois de France* copia textuellement le chapitre de son confrère, et, pour ne pas infirmer son récit, se contenta d'y ajouter la conclusion suivante : « Quelques critiques ont prétendu que M. Varillas, de qui j'ai tiré ces mémoires, avoit été mal informé ; que la Comtesse de Châteaubriand s'étoit réconciliée avec son mary, et qu'elle n'étoit morte que dix ans après le retour du Roi ; mais il a si bien répondu, que j'ai cru que la fin de la Comtesse devoit demeurer pour constante ; et je n'ai fait nulle difficulté de suivre mot à mot ce célèbre historien. »

L'année suivante, 1695, parut un petit roman intitulé : « *La Comtesse de Châteaubriand ou les Effets de la jalousie*, » précédé de ce curieux avis préliminaire : « On ne s'efforcera point icy de prévenir le public en faveur de ce petit ouvrage. On sait trop qu'un lecteur veut estre pleinement libre dans ses jugemens, et que c'est s'en faire d'abord un ennemy, que de luy vouloir comme malgré luy arracher son sufrage. On le fera seulement souvenir que les historiens relèvent extremement la beauté et le mérite de l'illustre Personne dont on écrit l'histoire. Brantôme surtout en parle avec de grands éloges en plusieurs endroits de ses Mémoires avec sa sincérité ordinaire ; et l'épitaphe que Marot en a faite confirme assez cette vérité. » Ce roman anonyme, dont le seul mérite est le choix du sujet, fut réimprimé quatre ou cinq fois sous divers titres, afin d'achalander les boutiques des libraires. Un commentateur portait ce sévère jugement sur ce livre : « Rien n'est plus propre que cette héroïne, maîtresse de François Ier, pour en faire un beau morceau ; mais elle n'est pas tombée en des mains assez délicates et assez intelligentes. » Voilà un bel échantillon de la critique du temps et du style dont on l'exprimait.

Enfin, en 1752, un M.***, prétendu avocat au Parlement, réunit en fascicules des extraits des *Causes célèbres et intéressantes*, et les porta chez Guillaume Desprez, imprimeur du roi. Notre avocat entreprend de refaire d'une autre manière l'histoire tragique de Madame de Châteaubriant, en hors-d'œuvre à ces *Causes célèbres*, et dit que les auteurs qui l'ont précédé n'ont pas su la mettre en œuvre avec art. Il y avait de l'étoffe, dit-il, pour faire une histoire très intéressante, mais il fallait qu'elle fût employée par un meilleur ouvrier. L'auteur des *Causes célèbres* remplace la bague de Varillas, que le Comte de Châteaubriant devait envoyer à sa femme comme signe de ralliement, par « un petit bracelet qu'elle lui avoit fait de ses propres cheveux, qui étoient d'un blond cendré, » et le valet par une « demoiselle fort aimable, » qui était près de la comtesse « comme une espèce d'intendante. » Le même auteur affirme que le comte « refusa avec hauteur des dignités que le Monarque lui offrit, » et « que, plus scrupuleux que beaucoup de personnes, il ne voulut pas qu'on pût dire qu'on avoit donné du relief à son infortune, et qu'il pardonnoit au Prince l'affront qu'il lui faisoit. » Nous avons déjà vu ce qu'il faut penser de la grandeur d'âme de Jean de Laval. Enfin, avec Varillas et consorts, notre avocat fait « prendre la poste » au sire de Châteaubriant et le fait se réfugier en Angleterre; cet exil volontaire est peu probable, car nous savons que Marguerite de Navarre vint le voir quelques semaines après la mort de sa femme.

D'autres historiens du même temps, Bayle, Mézeray, Gaillard, Garnier, etc. ont aussi parlé dans leurs ouvrages de Jean de Laval et de Françoise de Foix, et le *Dictionnaire historique portatif des Femmes célèbres*, édité en 1769 par Delacroix, consacre un long article, à Madame de Châteaubriant, article plutôt romanesque qu'historique, il faut le dire, étant copié dans des ouvrages antérieurs.

## La réfutation d'Hévin

La publication de l'*Histoire de France* de Châlons et des *Causes célèbres* amena celle de la *Réfutation de la prétendue Histoire du comte et de la comtesse de Châteaubriant*, écrite en 1686 sous la forme d'une lettre par Pierre Hévin, avocat au Parlement de Rennes, pour combattre les opinions émises par Varillas dans son *Histoire de François premier*. Cette lettre fut éditée à Rennes, en 1756, par le petit-fils d'Hévin, et précédée d'une épître aux Etats de Bretagne, par laquelle l'éditeur explique les motifs qui l'ont poussé à livrer au public le factum de son aïeul, qui, « justement indigné des calomnies que Varillas venoit de répandre contre Jean de Laval et Françoise de Foix, crut devoir défendre leur mémoire attaquée ou plutôt flétrie par cet écrivain. »

Dans sa *Réfutation*, Hévin essaya de prouver que non seulement le sire de Châteaubriant n'avait point attenté à la vie de sa femme, mais encore que celle-ci ne devait point être entachée du titre de maîtresse royale. C'était aller trop loin, et Hévin, dont l'œuvre, somme toute, tourne tout autour de la date de 1526, que Varillas donne par erreur comme étant celle de la mort de Françoise de Foix, ne réussit qu'à montrer la fausseté de certains détails trop osés de l'imaginatif Varillas, et ne prouva point que la dame de Châteaubriant n'avait point été maîtresse de François Ier. Du reste, il se garde bien d'appuyer sur ce sujet, et les raisons qu'il donne sont bien vagues et ne s'étayent d'aucune preuve sérieuse. De ce que Madame de Châteaubriant était quelque peu parente du roi François, il déduit que ce roi n'entretint jamais d'amours incestueuses avec Françoise de Foix, parente de la reine et épouse de son neveu à la mode de Bretagne, « les loix de l'honnêteté fondées sur la parenté proche » interdisant au roi d'attenter à l'honneur de la comtesse. Il y a là un parti-pris évident. Revenant à plusieurs reprises sur cette question, il va jusqu'à dire que François Ier n'eut aucun « engagement illégitime » pendant la vie de la reine Claude son épouse, et, citant l'historien Mézeray, que le même François Ier « porta tant de respect aux vertus de sa femme qu'il n'eut point de maîtresse pendant qu'elle vécut. »

La justification de Françoise de Foix tenait au cœur de son panégyriste : pour frapper un dernier coup, il termine son factum en faisant l'apologie de ses deux principaux personnages ; malheureusement pour lui, les détails qu'il donne sont depuis longtemps infirmés par l'histoire. Il dit que la donation de Châteaubriant ne put avoir pour cause celle qu'avance l'historien, et que l'accusation de la Comtesse pour la Foi conjugale violée, et celle du meurtre commis sur elle par son mari sont outrageuses à leur mémoire ; elles blessent même celle d'un grand Roy en le chargeant un siècle et demi après sa mort, d'avoir entretenu des amours incestueuses que ses ennemis, non plus que les auteurs contemporains, ne lui ont jamais reprochées, ni même aucun engagement illégitime qui ait éclaté pendant la vie de la Reine son épouse. Et il ajoute : « Je ne puis réfléchir sur cette matière sans plaindre la condition des Monarques dont la gloire qui devroit être sacrée et inviolable se trouve encore après leur mort exposée, pendant des siècles, aux atteintes que l'audace des Ecrivains leur porte. »

Nous sommes revenus depuis longtemps, heureusement, de ces idées mesquines et fausses, et nous sommes persuadés que les rois, tout comme le commun des mortels, sont sujets aux faiblesses inhérentes à la nature humaine. Et, pour rentrer dans notre sujet, disons que c'est précisément cette créance en l'impeccabilité des grands personnages, qui a fait que personne ne voulut admettre la possibilité d'un meurtre perpétré par Jean de Laval sur la personne de sa femme.

D'ailleurs, la fameuse *Réfutation* de Pierre Hévin devait être à son tour réfutée par Dreux du Radier, qui consacre un chapitre à Françoise de Foix et à François Ier dans ses *Mémoires historiques et critiques* publiés en 1763. S'appuyant sur Brantôme, il prouve, contre Hévin, que celle-là fut la maîtresse favorite de celui-ci, et sur la question du meurtre, Dreux du Radier combat point par point les opinions d'Hévin, et, sans aller toutefois jusqu'à l'affirmative, l'auteur est bien près de croire à l'assassinat de la comtesse par son mari : « Il peut être dans l'ordre des passions, qu'un mari jaloux, et dont la jalousie n'est que trop bien fondée, fasse périr sa femme, et vante son mérite et sa beauté après sa mort. Il peut même se repentir de l'extrémité où l'a jeté sa jalousie, regretter sincèrement celle qu'il a fait périr, et chercher à amuser sa douleur par des tombeaux, des inscriptions, des épitaphes, des éloges, des statues. Une passion telle que la jalousie satisfaite, ne laisse plus voir avec la même horreur la personne qui la causait. On ne voit plus en elle que ce qui la rendait aimable, ses défauts disparaissent ; rien de plus naturel que ce sentiment ; rien de plus fréquent que les exemples. »

Plusieurs écrivains castelbriantais du XVIIIe siècle se sont occupés du meurtre prétendu de Françoise de Foix par son mari, mais sans entrer dans de grandes considérations, préférant renvoyer le curieux à la *Réfutation* d'Hévin, laquelle selon eux, a fait la lumière dans cette importante question d'histoire locale. « — On montre encore aujourd'huy, écrivent-ils, des marques rougeâtres de son sang qui fut jeté par la fenêtre de sa chambre ; mais ces marques, qui se trouvent en différents lieux du château, font bien voir que c'est une fable. Cependant c'est la tradition du pays. »

Nous apprendrons peut-être à beaucoup de nos lecteurs que l'auteur du *Génie du Christianisme* et des *Mémoires d'Outre-Tombe* descendait des premiers barons de Châteaubriant. Un Brient, fils de Geoffroy V, épousa Jeanne de Beaufort, héritière de la maison de ce nom : c'est de cette branche des Châteaubriant-Beaufort que sortit René.

Au dernier volume des *Mémoires d'Outre-Tombe*, Châteaubriand s'occupe de Françoise de Foix :

« L'aventure de la comtesse de Châteaubriand, — dit-il, — appartient aux Montmorency-Laval, devenus barons et comtes de Châteaubriand par alliance. J'ai vu, dans ma jeunesse, entre les mains de mon père et de mon frère, force mémoires que leur envoyaient des archivistes et des hommes de loi pour venger la mémoire et l'honneur du comte de Châteaubriand. Ils poussaient leur zèle jusqu'à nier les liaisons de la comtesse de Châteaubriand avec François Ier. Ils ne remarquaient pas que si cette histoire touchait au nom de la famille Châteaubriand, elle ne touchait pas à son sang. Françoise, la coupable, et peut-être la victime, était la dame de Foix, et le comte de Châteaubriand était Jean de Laval. Au surplus, — ajoute le bon René, — les peuples pardonnent aisément les faiblesses qu'ils partagent : l'amour des femmes, quand il ne descend pas trop bas, n'a jamais nui dans les Gaules... Je m'arrêterai à cette aventure de la comtesse de Châteaubriand : il y a un point curieux de critique à éclaircir. »

Remarquons en passant que l' « aventure » ne « touche » nullement au nom de Châteaubriand : Françoise étant une dame de la maison de Foix, Jean un seigneur de la maison de Laval. Effectivement, la baronnie de Châteaubriant, nom de lieu, ne vint à la famille de Laval que par le hasard des alliances.

Châteaubriand, s'aidant de Dreux du Radier, résume en quelques lignes le chapitre de l'histoire de Varillas, et ajoute que toute la Bretagne se crut offensée par le récit de cet historien. Il croit avoir découvert la source de son anecdote, et essaie de prouver que Varillas, « qui avait l'inconcevable manie de brouiller les temps, les noms et les faits, » a calqué sur l'histoire de Gilles de Bretagne, frère du duc de Bretagne François Ier, et époux de Françoise de Dinan, dame de Châteaubriant, condamné à mourir de faim dans les souterrains du château de la Hardouinaye, et étranglé par ordre de son frère, l'histoire de Françoise de Foix, dame de Châteaubriant, maîtresse du roi de France François Ier !

N'en déplaise aux mânes de l'auteur des *Mémoires*, nous devons dire qu'il n'existe pas la moindre ressemblance entre les deux aventures tragiques ; d'ailleurs, l'opinion du grand écrivain ne nous semble pas avoir été bien assise, le développement de sa prétendue trouvaille s'accorde bien mal avec l'autre partie de son chapitre, dans laquelle il donne Françoise de Foix comme coupable et victime.

## Universalité de l'histoire de Françoise de Foix

Parmi les personnages féminins dont les noms remplissent les fastes de l'histoire, il en est peu, avons-nous dit, qui aient fait plus parler d'elle que Françoise de Foix. Les poètes l'ont chantée, les peintres ont reproduit ses traits, les historiens et les romanciers se sont complu dans le récit des divers épisodes de sa vie. Aux ouvrages que nous avons déjà cités parce qu'ils ont été la cause de la publication de la *Réfutation* d'Hévin, nous devons ajouter nombre d'œuvres littéraires, musicales, critiques, ou simplement romanesques dont le sujet est emprunté aux amours et à la mort de la Dame de Châteaubriant. Le roman et le théâtre se sont emparés de la légende, et celle-ci était trop dramatique pour que, pendant la période romantique, les dramaturges et les romanciers n'aient pas essayé d'en tirer parti. Déplorons qu'elle n'ait pas tenté quelque poète de génie ; il y a là, certes, matière à la composition d'un drame admirable : *Hernani* et *Marion de Lorme* auraient eu un digne pendant, dont les péripéties eussent été plus vécues et plus véridiques que celles du *Roi s'amuse*.

Nous ne prendrons pas la peine d'étudier toutes ces œuvres, sans valeur littéraire et sans intérêt pour la plupart, et dans lesquelles l'imagination joue un plus grand rôle que le document historique. Les citer suffira.

Le 28 janvier 1809, Berton, compositeur de musique, auteur de nombreux opéras, fit représenter au Théâtre

Feydeau un opéra-comique en trois actes, intitulé *Françoise de Foix* ; cet ouvrage obtint un certain succès dû au mérite de la musique. L'année suivante, un opéra ayant le même titre, œuvre de Weigl, était représenté à Vienne et à Milan. Enfin, en 1830, Donizetti mettait à la scène à Naples sa *Francesca di Foix*.

Les dramaturges du boulevard n'eurent garde de laisser passer ce sujet, qui faisait couler tant de larmes, sans s'en emparer, pour l'accommoder au goût des habitués de l'Ambigu-Comique : en novembre 1835, Maillan et Legoyt firent représenter, sur ce théâtre, un drame en trois actes et six tableaux, intitulé *La Dame de Laval*.

En novembre 1864, la *Revue Française* publia un drame en cinq actes, déjà vieux de huit ans, intitulé *La comtesse de Châteaubriant* et signé Charles de la Varenne. Portée de théâtre en théâtre par son auteur, sans jamais pouvoir être représentée, cette pièce faillit être remaniée par Théodore de Banville et par Adolphe Dennery, qui, déjà, s'imposait dans les théâtres de Paris. Le dernier acte en est assez curieux : la comtesse de Châteaubriant est jugée par les pairs de la famille de son mari. Le comte l'accuse de parjure et de double adultère. Les pairs prononcent la culpabilité et votent la mort. Quelle mort ? Entrent deux esclaves noirs, l'un portant une coupe, l'autre un lacet ! La comtesse, après un long monologue obligatoire, boit le poison. Pendant ce temps, le roi de France assiège le château de Châteaubriant ; il y pénètre et arrive juste à temps pour recevoir la comtesse dans ses bras, où elle expire. Le roi ordonne à ses gentilshommes de rechercher le comte, mais celui-ci paraît sous les habits d'un moine, à la tête, avec l'abbé, de deux filles de religieux. François Ier veut frapper le sire de Châteaubriant de son épée, mais l'abbé s'interpose et réclame le comte comme son sujet. « Le roi tombe à genoux près du fauteuil où gît la comtesse expirée. Tous l'imitent. Châteaubriant reste seul debout, planant sur cette scène comme la statue du défi. »

Pareille malchance devait arriver au drame en vers d'un poète de talent : *la Jeunesse de François Ier. Marignan-Pavie*, (1515-1525), d'Alexandre Parodi. Cette pièce devait être jouée sur trois scènes parisiennes, dont la Comédie Française ; elle ne le fut sur aucune. Parodi prit le parti de la publier en 1884. Françoise de Foix y joue le principal rôle féminin. A la fin, sur le champ de bataille de Pavie, où elle a suivi le roi, Jean de Laval la surprend au moment où elle se lamente sur le sort de François Ier, et il lui enfonce son poignard dans la poitrine. Le roi survient ; Jean de Laval lui dit :

« *J'ai vengé mon honneur : vengez votre maîtresse.* »

Un acte contient un agréable dialogue de tendresse et de crainte entre Françoise et son amant royal, où elle exprime son regret de n'être pas restée dans sa « sainte Bretagne ». « Le souffle ni le sentiment dramatique ne paraissent absents de ces vers ; mais le style et la rime en semblent trop faciles, » a dit un critique.

Ce drame devait d'abord être intitulé: « *Le roi se bat* », comme réplique au *Roi s'amuse*, de Hugo, dont on avait fait une reprise peu de temps auparavant.

De nombreuses nouvelles, de petits romans, qu'on retrouve aujourd'hui perdus dans les premiers périodiques qui parurent lors de la naissance du roman-feuilleton, traitent des épisodes de la vie de Françoise de Foix. Peut-être, un des premiers en date est un long et indigeste roman intitulé *François Ier et Madame de Châteaubriant*, par Mme Goffis. Cette œuvre, qui n'a pas même le mérite du style, eut cependant plusieurs éditions ; elle dut paraître vers 1839.

Le Panthéon de la Jeunesse donna en 1844, dans une galerie de jeunes filles célèbres, une nouvelle intitulée *Justine-Nicolette de Foix*, dont l'histoire de Varillas et les *Causes célèbres* fournissent la matière. A peu près à la même époque, parut un livre ayant pour titre : *Mystères des vieux Châteaux de France, ou Amours secrètes des Rois et des Reines, des Princes et des Princesses, etc., etc... par une Société d'Archivistes !!!* Dans le premier volume, nous nous trouvons à Chambord dans la compagnie de tous les grands personnages de la Renaissance, en tête desquels viennent évidemment le Roi Galant et ses maîtresses, la « charmante Françoise de Foix » et la belle Anne de Pisseleu.

En 1848, Le Roux de Lincy publia une œuvre de longue haleine ayant pour titre : *Les Femmes de l'Ancienne France*. L'auteur voulut dépasser encore Varillas et ses imitateurs, et même les dramaturges du Boulevard du Crime. Le récit de la mort de la dame de Châteaubriant donnera une idée de la couleur de l'œuvre, égayée néanmoins d'histoires graveleuses cueillies dans les annalistes du XVIe siècle :

« Madame de Châteaubriant n'étant plus en faveur resta exposée à la haine de la régente et à la vengeance du mari,

Contrainte de chercher une retraite à Châteaubriant, elle y fut reçue, mais sans jamais pouvoir obtenir de son mari une parole de pardon. Il lui donna pour appartement une chambre obscure et tendue de noir. Les femmes attachées à son service étaient tout de noir habillées ; les plats qu'on lui servait pour sa nourriture étaient recouverts d'un voile noir.

» Un si lugubre cérémonial n'annonçait rien de bon pour elle. En effet, au bout de six mois, lorsqu'elle eut ainsi porté le deuil de son honneur et de sa vertu, dans la nuit du 16 octobre 1537, le comte entra dans son appartement avec six hommes et deux chirurgiens. Sombres et taciturnes, ces neuf hommes se rangèrent autour du lit sans qu'il fût proféré une seule parole. Un seul portait une torche pour éclairer la scène. La Comtesse dormait. La lueur de la torche l'éveilla.

» Terrifiée à la vue de cette sinistre et lugubre apparition, elle veut crier : la voix lui manque. Pour plus de précaution on la bâillonne. Elle veut se lever, les hommes masqués la maintiennent couchée sur le lit. A un signe du Comte, les deux chirurgiens s'avancent et lui ouvrent les veines aux bras et aux jambes.

» Pendant quelques minutes tous restèrent là, voyant couler ce sang, regardant ce beau corps de femme se tordre dans les convulsions de la mort. Lorsque ce sang ne coula plus, lorsqu'une complète atonie eut succédé aux mouvements brusques et violents de cette jeune et belle vie qui venait de couler avec le sang, le Comte suivi de ses sicaires sortit, laissant sa femme morte.

» Cette terrible exécution se fit sans que la moindre parole, le moindre son, le moindre bruit en eussent troublé les effrayantes péripéties... »

En 1853, le *Magasin pittoresque* publia une courte nouvelle : *La Dame de Laval* (*Françoise de Foix, comtesse de Châteaubriant, histoire du seizième siècle*), mauvais à tous les points de vue, puis en 1866, le *Passe-Temps* donna un roman d'Albert Blanquet : *La Dame de Châteaubriant, roman d'amour, de cape et d'épée*, lequel, avec *La Belle Féronnière* et *La Mie du Roi*, du même auteur, formait une trilogie amoureuse. Enfin, dans ses *Cocus célèbres*, Henri de Kock donne une place d'honneur au seigneur de Châteaubriant.

Il est choquant et pénible de lire de pareilles scènes de mélodrame dans des ouvrages dont les auteurs se sont donné un but plus élevé que celui d'amuser les foules. *La Bretagne*, de Jules Janin, consacre plusieurs pages à l'histoire de Françoise de Foix, et prend en partie pour guide les romanciers-historiens du grand siècle. Néanmoins, la scène de la mort comporte quelques détails nouveaux. Citons :

« Le comte de Châteaubriand, gentilhomme de la meilleure race, hardi soldat et bon capitaine, avait pardonné une première fois les amours de François Ier et de sa femme, quand il eut vu le roi de France se perdre et s'abîmer à Pavie. Mais au retour du roi, et quand le roi n'eut rien de plus hâté que d'aller s'installer dans le château de Châteaubriand, et quand il afficha cette passion ressuscitée, le comte de Châteaubriand résolut de venger l'outrage fait à son honneur.

» Porter la main sur le souverain, toucher au roi, son hôte, la chevalerie entière eût protesté. Le comte attendit que le roi fût parti ; resté le maître, on ferme les portes de la maison ; les sentinelles veillent aux créneaux ; la herse est baissée, les fossés sont remplis. Quelles menaces ! quel drame se prépare ? Françoise est inquiète, elle pleure. Son mari la vient prendre et l'enferme dans une chambre haute, tapissée de noir. Des cierges brûlaient d'une façon funèbre ; un cercueil s'élevait au milieu de la salle, et sur la tenture se lisait en lettres d'argent :

FRANÇOISE DE FOIX, COMTESSE DE CHATEAUBRIAND,
PRIEZ POUR ELLE !

» Dans cette tombe, madame de Châteaubriand reste enfermée durant six mois, au bout desquels Châteaubriand eut pitié de sa femme et lui envoya le poison. On la pleura ; nul ne sut au juste comment elle était morte. »

Les *Portraits des Personnages français les plus illustres du XVIme siècle, Rois et Reines de France, Maîtresses des Rois de France*, de Niel, devaient obligatoirement un chapitre d'honneur à Françoise de Foix, célèbre favorite du plus célèbre des rois du XVIe siècle. L'œuvre, parue en 1848, c'est-à-dire en pleine période néo-gothique, se ressent des défauts de son temps. L'auteur prend pour guides Brantôme, Varillas, Dreux du Radier et autres écrivains dont nous avons cité ou analysé les œuvres : c'est-à-dire que ce recueil ne nous apprend rien de nouveau sur la vie de Madame de Châteaubriant et qu'il suffit d'en donner le titre.

Terminons la liste de ces ouvrages, qui n'ont d'intérêt

pour nous que par le titre pseudo-historique qui les apostille, en mentionnant l' « impression spéciale » que fit en 1868, la « Bibliomaniac Society », des *Mémoires de Messire Jean de Laval, comte de Châteaubriant, écrits par lui-même, en 1538.* C'est un pastiche de littérature galante du XVIe siècle, en même temps qu'une fumisterie, que l'on a attribuée à Paul Lacroix, attribution à laquelle nous ne croyons pas, supposant que cet érudit avait autre chose de mieux à faire. Dans la préface, datée de la Folie-Meudon, l'éditeur avoue qu'il n'en est pas à son coup d'essai. Quant au sujet traité, il n'y a aucune corrélation entre lui et les personnages dont nous avons écrit l'histoire.

## Françoise de Foix dans l'histoire

Il fallut attendre jusqu'en 1838 pour voir apparaître un ouvrage véritablement sérieux, savant et critique, sur les amours, la vie et la mort de Françoise de Foix, dame de Châteaubriant. Et cet ouvrage était dû précisément à Paul Lacroix, dont nous venons d'écrire le nom, et qui n'était encore que le bibliophile Jacob. Dans ses *Dissertations sur quelques points curieux de l'Histoire de France et de l'histoire littéraire,* Paul Lacroix publie un chapitre « Sur la mort tragique de la Comtesse de Châteaubriant. »

Le début de l'ouvrage se ressent de la première manière de l'auteur, qui écrivait auparavant des nouvelles historiques. Après les préliminaires, il quitte le roman pour aborder la critique historique. Il rend justice à Pierre de Bourdeilles, dont la plupart des historiens ont regardé l'autorité comme irrécusable, et soupçonne Hévin d'avoir été chargé, par les maisons de Laval et de Montmorency, de combattre et de détruire les allégations de Varillas. Il étudie et critique les histoires du temps de Louis XIV, les juge avec une sévérité justifiée, et s'appuyant avec raison sur les dates que lui fournit le factum d'Hévin, il recommence l'histoire de Mme de Châteaubriant. Il tire parti avec avantage des poésies épistolaires échangées entre le roi et son amante, dont il donne des fragments importants, ainsi que du long poème de Sagon, dont il est peut-être le premier à avoir parlé, et qui a été publié et commenté récemment. Ces lettres en vers, échangées entre les deux amants, n'étaient pas, évidemment, écrites pour d'autres que pour eux-mêmes ; et c'est ce qui fait leur charme et leur donne toute leur valeur. Elles ont été éditées presque entièrement en 1847, par Champollion-Figeac, pour servir à son histoire de la *Captivité de François Ier* ; mais l'éditeur semble ignorer que Françoise de Foix ait existé, et les attribue à Anne de Pisseleu, qui n'a jamais écrit en vers.

Paul Lacroix commet une légère erreur au sujet de l'âge de Françoise de Foix, dont il place la naissance en 1492. Il est vrai que plus loin, parlant du délaissement de la Comtesse par François Ier, il dit qu' « alors la Comtesse avait passé la trentième année » ; mais l'erreur n'en subsiste pas moins. Il dit aussi qu'Anne de Laval, sa fille, mourut en 1522, âgée de huit ans, au lieu qu'elle vécut du 11 mars 1507 au 22 avril 1521.

A l'époque où Paul Lacroix publiait son étude, un autre écrivain, Touchard-Lafosse, visitait le château de Châteaubriant, recherchant les matériaux nécessaires à l'élaboration d'un de ses principaux ouvrages, *La Loire historique*. Malheureusement, les erreurs y sont nombreuses en ce qui concerne la dame de Châteaubriant ; mais, seul parmi tant d'autres, il dit que François d'Angoulême avait dû connaître Françoise de Foix à la cour de la reine Anne.

Un autre ouvrage important est le chapitre intitulé *La Maîtresse tragique*, que A. de Lescure consacre à Françoise de Foix dans son livre : *Les amours de François Ier*, paru en 1865 comme pendant aux *Amours de Henri IV*. Nous sommes loin d'attribuer à ce travail tout le mérite que nous attribuons à celui de Paul Lacroix, qui, du reste, lui sert de guide et qu'il copie et paraphrase en maints endroits ; néanmoins, il contient quelques passages intéressants, malgré que la critique en soit pauvre de raisons, et le style emphatique, prétentieux.

A. de Lescure ne nous semble pas avoir pénétré la psychologie de son héroïne, dont l'état d'âme habituel, comme nous disons aujourd'hui, lui fut totalement inconnu. Les anecdotes graveleuses de Bourdeilles durent lui plaire plus que les lettres de Françoise de Foix, empreintes de tant de sincérité amoureuse ; s'il avait pris la peine de les lire attentivement, son sourire de sceptique se serait effacé devant cette souffrance, cette douleur contenue, qui, selon nous, fait de la dame de Châteaubriant une Sapho de la Renaissance. En sa qualité d'historien des maîtresses du roi-chevalier, il avait le devoir de se documenter plus sérieusement sur l'époque qu'il voulait étudier, et, s'il était venu à Châteaubriant, qui n'est pas situé « au fond de la Bretagne », il aurait pu trouver des renseignements qui lui eussent fait éviter les erreurs qui déparent son livre et lui font refuser toute créance.

Les grands historiens du XIXe siècle ne se sont guère intéressés à la vie de Madame de Châteaubriant ; c'est à peine s'ils nomment la femme poète et artiste qui vécut dix ans aux côtés du grand roi de la Renaissance et le stimula dans son amour des lettres et des arts. Anquetil n'en dit mot ; Henri Martin renvoie son lecteur à l'étude de Paul Lacroix : « Il reste toutefois, — ajoute-t-il, — sur la fin de la belle comtesse, quelques obscurités qui ne permettent pas de rejeter la tradition avec une certitude absolue. »

Quant à Michelet, qui partage l'erreur accréditée par Du Paz, il fait Françoise de Foix fille de Phébus de Foix, ce qui lui fournit l'occasion de jouer sur les mots : « Haut, très-haut trônait la maîtresse en titre, madame de Châteaubriand, de la race royale de Foix, fille du fameux comte Phébus, et le soleil de la cour. Les clairvoyants cependant voyaient qu'un soleil qui brillait depuis deux ans brillerait peu encore. Elle n'avait que plus de crédit ; le royal amant la dédommageait ainsi d'une assiduité déjà décroissante. Ce qui la soutenait, c'était justement son jaloux, mari furieux, point résigné, point gentilhomme, qui soulageait sa rage par des violences bourgeoises et des corrections manuelles qui faisaient pleurer ses beaux yeux, rire ses rivales et réveillaient le roi. »

Michelet ne nous semble guère documenté ni renseigné sur le sujet : nous savons d'ailleurs ce qu'il faut penser de sa façon d'écrire l'histoire, ce qui ne diminue en rien notre admiration pour le poète et le styliste incomparable. Cet autre extrait que nous trouvons un peu plus loin que le précédent achève de nous édifier à son égard : « Autant qu'on peut dater les choses du cœur, il semblerait que le roman de Mme de Châteaubriant, arrachée de son mari, disputée avec fureur, haïe, battue, (plus tard tuée ?), occupa le roi trois ans (1518-1520). Cette fille du beau Phœbus de Foix, astre singulier de Gascogne, soit par l'attrait du Midi, soit par sa violente et sinistre destinée, par ses frères enfin, sa brave et intrigante parenté, ne laissa guère respirer le roi... »

Nous arrivons enfin, amenés par la chronologie, à l'*Histoire des barons de Châteaubriant*, de Guillotin de Corson. L'auteur, réduit à un cadre restreint, ne s'étend pas longuement sur la vie de la dernière « baronne » de Châteaubriant. Il écrit qu'on ne peut nier, avec Hévin, que Françoise de Foix ait été la maîtresse de François Ier, et que, quel que soit le peu d'autorité que l'on reconnaisse à Brantôme et à Marguerite de Navarre, on peut dire, qu'en fait de scandales, ils étaient instruits des premiers.

L'historien breton croit que l'accusation de meurtre portée contre Jean de Laval a sa source dans l'horreur que la conduite de ce seigneur inspirait à bien des gens, qui savaient à quels excès de violences il se laissait aller envers sa femme. Son opinion au sujet du meurtre ne nous semble pas bien établie, quoique l'on sente l'intention d'innocenter Jean de Laval, « détesté des Bretons, qu'il gouvernait trop à la française, mal vu de sa famille, qu'il n'aimait pas et qu'il dépouillait, enfin, marié à une femme qu'il maltraitait à cause de ses infidélités, ce qui avait amoncelé sur sa tête de terribles haines. »

Un érudit fameux, Henri Bouchot, grand connaisseur des choses et des mœurs du XVIe siècle, publie, dans son livre *Les Femmes de Brantôme*, le portrait de Madame de Châteaubriant, celui que possède le cabinet des Estampes de la Bibliothèque Nationale. Mais il n'ignore pas l'existence de celui de la Bibliothèque d'Aix, dans lequel, dit-il, « elle a l'air ingénu, et quelque chose de tendre et de doux répandu sur ses traits », tandis que celui des Estampes nous la montre avec l'embonpoint d'une femme parvenue à la maturité. Comme tous ses prédécesseurs, il s'en rapporte au dire des historiens du XVIIe siècle : il ne s'est pas occupé davantage de notre héroïne, que, selon la légende, « on a fait venir de province sur sa réputation de beauté, à la grande joie de ses frères, et à la honte de son mari. » Selon cet auteur, qui décrit « la mye du roy » avec ses portraits sous les yeux, la comtesse « est blonde, son visage est plat et légèrement camus, ses épaules médiocres... » Il ajoute : « Pensez que la nature valait mieux » et, sur la foi de Brantôme et de ses copistes, il dit que Madame de Châteaubriant partageait ses faveurs entre le roi, Bonnivet... et d'autres !

« *Nigra sum, sed formosa*, disait-on d'elle à la cour... mais la plupart des historiens et des romanciers, Lesconvel peut-être excepté, l'ont faite blonde. Ainsi on lit dans l'histoire de France publiée sous la direction d'Ernest Lavisse : « A cette date (1518), elle n'était plus très jeune, elle devait avoir près de trente ans (sic), — mais sur ses portraits, sa physionomie est très fine, les yeux bleus, les cheveux d'un blond roux, la peau blanche. »

## Les lettres de Françoise de Foix

L'histoire du règne brillant de François Ier a tenté bien des écrivains : les uns ont raconté, avec une grande abondance de détails et avec force preuves à l'appui, ses démêlés avec les potentats de l'Europe, et les batailles, les entrevues, les alliances et les traités qui en ont été les conséquences ; d'autres, à l'encontre des premiers, se sont donné pour tâche l'étude de l'homme lui-même, c'est-à-dire celle de son caractère, de sa vie privée, de sa nature intime. De ce côté encore, heureusement pour les vrais historiens, les documents ne manquent pas.

Parmi ces derniers, nous devons placer au premier rang Paulin Pâris, dont l'ouvrage est intitulé : *Etudes sur François Ier, roi de France, sur sa vie privée et son règne.* Il n'est pas besoin de dire que l'auteur a consacré un long chapitre à Madame de Châteaubriant, dont la vie, pendant les dix premières années du règne, a été si intimement liée à celle du héros du livre.

Dans ce livre, Paulin Pâris a publié nombre des lettres réunies à la Bibliothèque Nationale, et qui constituent ce qu'on pourrait appeler le portefeuille de François Ier ; mais ignorant certains détails historiques de la vie de Françoise de Foix, il attribue à cette dame d'autres lettres écrites au roi de France, et, de plus, pour se donner raison dans cette attribution de documents incertains, il va jusqu'à altérer la généalogie des seigneurs de Châteaubriant.

La chose est trop importante pour que nous n'essayions pas de détruire cette erreur, à laquelle l'autorité de l'écrivain peut donner la force d'un article de foi. D'ailleurs, il est bon de le remarquer, l'auteur n'est pas bien sûr lui-même de ce qu'il avance, et l'addition qu'il fait à la généalogie des barons de Châteaubriant ne s'autorise d'aucun document. Cette addition est une simple hypothèse. L'erreur eût-elle existé, tous ceux qui se sont occupés de cette généalogie n'eussent pas manqué de la remarquer. Jusqu'à preuve évidente du contraire, nous maintiendrons donc, telle que l'ont élaborée les historiens, la généalogie des seigneurs barons de Châteaubriant.

La raison pour laquelle P. Pâris ajoute une unité à la lignée des seigneurs, c'est qu'il faut, pour soutenir sa thèse, que Françoise de Foix ait, de son vivant, un beau-père vivant, car il donne cette dame comme auteur de *toutes* les lettres, au nombre de dix-huit, et de la même écriture, adressées au roi François Ier, qui, réunies, forment un fascicule complet.

Rien ne prouve que toutes ces lettres aient été écrites par Françoise de Foix. Quant à nous, nous rejetons, comme n'émanant pas d'elle, les lettres dans lesquelles il est question de beau-père : Françoise n'a jamais connu le sien, François de Laval, mort en 1503, quelques années avant son mariage. De ce que l'écriture est la même pour *toutes*, il ne faut pas inférer que *toutes*, elles ont une commune origine. Remarquons en passant que Françoise, écrivant à son royal amant, l'appelle toujours « amy » ou « mon amy », alors que les signataires des autres lettres n'ont garde d'oublier de lui dire « Syre ».

Paulin Pâris n'a aucune confiance dans les récits de Pierre de Bourdeilles ; rapportant aussi des passages des lettres de la Marguerite des Marguerites, il met en doute l'amitié qui unissait cette princesse et Madame de Châteaubriant. Nous avons déjà dit quel personnage désignait la « Nomerfide » de *l'Heptaméron* ; il nous semble que la sœur du roi s'est toujours tenue à égale distance de la femme et du mari.

Au cours de son important ouvrage, commencé en 1832, laissé, puis repris quelque temps avant sa mort, P. Pâris commet les erreurs communes à tous les auteurs auxquels il emprunte ses documents : 1° il dit que François Ier fit Jean de Laval chevalier de l'Ordre de St-Michel pour le remercier de l'influence qu'il eut sur les Etats de Bretagne, lors de l'union de la province, alors que nous voyons le sire de Châteaubriant paré du collier au baptême du Dauphin en 1518 ; 2° il dit que l'on voyait aux côtés du tombeau de Françoise de Foix, les épitaphes composées par Clément Marot et Nicolas Bourbon, alors qu'il n'y avait que celle de Marot ; 3° il dit que François Ier fut s'agenouiller devant ce tombeau, alors que son ancienne favorite mourut en 1537, et qu'il est avéré que ce roi ne vint qu'une fois à Châteaubriant, savoir lors de son second voyage en Bretagne, en 1532 ; 4° il dit que le poème laudatif de François Sagon se composait d'environ quatre cents vers, alors qu'il en comprend véritablement six cent quatre-vingt-deux ; 5° il dit que c'est Marguerite de Valois qui composa les devises gravées sur les joyaux de la maîtresse de son frère, « en dépit de son peu de sympathie pour Françoise de Foix », alors qu'il publie des lettres en vers et des poésies de cette dame, et que l'empressement qu'elle mit à faire fondre les bijoux lorsque le roi les lui fit redemander, prouverait que François et elle-même en étaient les auteurs ; 6° enfin il dit que Françoise de Foix n'eut jamais d'enfant, alors que les mentions de naissance et de décès d'Anne de Laval existent encore ; etc., etc.

Paulin Pâris n'était pas tendre pour les écrivains qui ont traité le même sujet que lui : d'abord Pierre de Bourdeilles, qu'il appelle « menteur éhonté » ; puis Varillas, qu'il suppose avoir copié les premiers livres « obcènes » qu'on ait publiés en France avant l'apparition de l'*Histoire de François Ier*. Michelet lui-même ne trouve pas grâce devant lui ; il lui reproche de tout admettre dans sa « fantastique » *Histoire*. Enfin, répudiant l'opinion de Rœderer, l'ancien Constituant devenu comte de l'Empire qui dit « que Madame de Châteaubriant finit, comme la reine Claude, de la maladie que leur avait à toutes deux communiquée le roi », Paulin Pâris croit que son héroïne occasionnelle mourut de maladie ordinaire. Il confesse néanmoins que François Ier eut un véritable amour pour ses deux maîtresses favorites.

Nous en aurons fini, croyons-nous, avec les écrivains qui se sont intéressés à la vie de Madame de Châteaubriant, quand nous aurons mentionné une remarquable étude, publiée dans le *Correspondant* du 25 août 1895, par A. de Bernard de Calonne, sous le titre de *Trois cousines ennemies*. Ces trois cousines sont : Louise de Savoie, Anne de Bretagne, Françoise de Foix. Malheureusement, l'auteur prend pour guides Hévin, Dreux du Radier et de Lescure, allant même jusqu'à accorder à ce dernier une plus grande documentation qu'à Paul Lacroix : c'est assez dire qu'il ne nous apprend rien de nouveau touchant Françoise de Foix, et que toutes les erreurs débitées par ces historiens se retrouvent dans l'étude de Bernard de Calonne.

Mais nous ne contredirons pas l'auteur quand il nous dira que Françoise est une des figures les plus intéressanles du règne de François Ier ; qu'elle avait l'âme tendre, et que, visiblement, elle aima ce roi d'un cœur désintéressé pour elle, sinon pour les siens. Cette phrase nous remet en mémoire un passage de *l'Histoire de France* de l'abbé Garnier (1774), qui dit que « tant que Mme de Châteaubriant avait joui de la faveur royale, elle avait rejeté des dons qui auraient pu rendre sa vertu suspecte : dégagée des liens qui l'attachaient à la cour, elle crut pouvoir accepter (en 1532), la seigneurie de Sucinio et de l'île de Ruitz ». Vérité qui n'a pas encore été infirmée...

L'étude de Bernard de Calonne fut publiée à l'occasion de l'apparition, en 1895, d'un livre ayant pour titre *Louise de Savoie et François Ier, trente ans de jeunesse*, dont l'auteur est R. Maulde de la Clavière. « L'auteur, dit son critique, est un écrivain tout plein de précautions. Il ne chemine à travers une histoire, parfois fort embrouillée, qu'en s'appuyant sur les documents les plus sûrs et sans craindre d'en embarrasser son récit. » Nous ne sommes pas complètement de l'avis de Bernard de Calonne : nous pensons que Maulde de la Clavière eût dû se documenter plus sérieusement en ce qui concerne Françoise de Foix et Jean de Laval, qu'il dit être « un simple écuyer et capitaine de ville ». Il semble aussi ignorer l'existence du troisième frère de Françoise, André, seigneur de Lesparre, car il ne fait mention que de Lautrec et de Lescun, « qui furent les compagnons d'armes, et pour ainsi dire les éducateurs militaires du jeune duc de Valois. »

Maulde de la Clavière ne se gêne pas pour calomnier Françoise de Foix, qu'il montre « coquette au possible et fort peu éprise du bon gentilhomme de province (sic) qui lui servait de mari, (nous savons que son mariage fut plutôt un mariage de raison qu'un mariage d'inclination) ; elle ne se montra jamais ni impitoyable, ni difficile sur le nombre et la fidélité de ses amants. » Heureusement, cette calomnie ne s'étaie d'aucune donnée sérieuse et c'est sa foi trop grande dans les contes de Brantôme et de Marguerite de Navarre qui est cause de pareilles erreurs. Répétons-le, selon nous, Françoise de Foix n'aima jamais qu'un seul homme, et cet homme fut François de Valois. Enfin, contrairement à ce que dit notre auteur, avant l'avènement de François Ier, Madame de Châteaubriant habitait Châteaubriant, avec son mari et sa fille (dont Maulde ne dit mot). Les titres encore existants nous révèlent la présence de Jean de Laval au chef-lieu de sa baronnie.

La discussion a été vive au sujet des divers documents qui nous restent comme preuves des relations intimes du roi paillard avec quelques dames de son temps. De ce que l'un des recueils est écrit tout entier par la même main, on infère que les lettres qui le composent émanent de la même personne ; de ce qu' « une main ignorante, ou peu scrupuleuse se hasarda, sans plus de façon, à écrire en marge d'un feuillet : dix-sept lettres de Mme la duchesse de Valentinois au roy François Ier » on attribue toutes les épîtres composant le recueil à Diane de Poitiers, alors que plusieurs de ces épîtres sont signées, ou auraient dû être signées de Françoise de Foix.

Dans une étude placée à la fin de son édition du *Journal d'un bourgeois de Paris*, Ludovic Lalanne dit que cette correspondance est de Diane de Poitiers, dotant ainsi d'une nouvelle bonne fortune la mémoire amoureuse de François Ier ; mais Georges Guiffrey, dans l'Introduction de son édition des *Lettres inédites de Diane de Poitiers*, combat l'opinion de Lalanne et repousse son attribution.

Champollion-Figeac avait déjà publié ces lettres, sans prendre sur lui de les attribuer d'une manière définitive à Diane de Poitiers, à la fin de son édition des *Poésies de François Ier*. Sainte-Beuve, qui prend part au débat, le loue de cette réserve dans un article du *Journal des Savants* : « Le recueil publié par M. Champollion donne, à la suite de ces vers, une soixantaine de lettres en prose écrites par François Ier, ou à lui adressées, et presque toutes de galanterie. Une note en marge d'un manuscrit attribue plusieurs de ces lettres à Diane de Poitiers. M. Champollion, en reproduisant le nom de Diane, est le premier à faire remarquer que la supposition offre peu de certitude et même de vraisemblance. Il n'y en a aucune en effet. Diane n'a jamais passé pour être avec François Ier en de telles relations. De plus, les lettres de la maîtresse anonyme trahissent une situation menacée ; il est question de haines, de calomnies. On sent une favorite dont l'astre baisse, et celui de Diane montait au contraire. »

Guiffrey, plus affirmatif que Champollion, n'hésite pas à écrire ceci : « Il eût suffi de tourner deux feuillets en avant pour rencontrer un point de comparaison, pour dissiper toute espèce de doute au sujet de l'identité de ces pièces, pour découvrir le même type et par conséquent la même main. Les lettres dont nous parlons, reliées tout à côté des autres dans ce même volume, n'ont pas seulement le mérite d'une similitude frappante avec chacune des pièces de cette correspondance anonyme ; elles nous livrent encore le mot de l'énigme, le nom de la dame inconnue. Elles sont tout entières écrites et signées de la main de Françoise de Foix, comtesse de Châteaubriant. »

Ainsi, nous possédons les lettres, les poésies et les portraits de Françoise de Foix, lesquels, avec son épitaphe, sont les souvenirs précieux de cette femme célèbre, plus intéressante, certes, par sa grandeur d'âme et la noblesse de ses sentiments, son intelligence et son savoir, ses souffrances et ses malheurs, que par cette singulière fortune d'avoir été la maîtresse d'un roi.

## La nuit du 16 octobre

Le souvenir de Sybille de Châteaubriant, morte de joie dans les bras de son mari revenant de la croisade, flotte sur la vieille forteresse des seigneurs de Châteaubriant, tandis que celui de Françoise de Foix plane sur le château de la Renaissance, qu'elle avait voulu magnifique, et en rapport avec les goûts fastueux de cette merveilleuse époque.

La fatalité a voulu qu'elle n'y entrât que pour y mourir ; après elle, aucune Dame de Châteaubriant ne l'a habité.

Elle et son mari en avaient richement meublé les salles ; les cheminées somptueuses, principal ornement des châteaux à cette époque, les lambris sculptés et dorés, les bahuts amenuisés, les vitraux ornés des armoiries de la baronnie entourées de la Cordelière, insigne de la Bretagne, et des emblèmes du roi François et de la reine Eléonore, dont la devise : VNICA REVIVISCO, se lisait encore naguères ; les tapisseries de haute lice sur lesquelles se voyaient l'histoire de Bérénice, celle de Vulcain et d'autres ; les dais et les pavillons d'apparat, en toile d'or et d'argent brodée de soie, etc... ; toutes ces splendeurs venaient d'être mises en place, lorsque celle pour qui elles avaient été faites décédait inopinément, âgée de quarante et quelques années.

Après la mort de Jean de Laval, ces richesses furent dispersées et le château abandonné : Châteaubriant était trop éloigné des lieux où se tenait la cour, et ses nouveaux seigneurs, les Montmorency, et, après eux, les Condé, lui préféraient leurs résidences des environs de Paris.

Par la suite, les officiers de la baronnie s'installèrent dans les vastes appartements, mais sans toutefois y dormir tranquilles, car la croyance est que, toutes les nuits, la Dame de Châteaubriant revient errer par les salles et les colonnades, et que l'on y entend des cris, des plaintes, des rires, des coups frappés, des bruits de chaînes que l'on traine...

D'ailleurs, ceux qui douteraient de la véracité de ces récits peuvent venir pendant la nuit du 16 octobre assister à un curieux spectacle. Le château retrouve sa splendeur comme au temps de la bonne comtesse. A minuit, sonnant au beffroi rajeuni, la porte de la grande salle s'ouvre et un cortège en sort qui gravit l'escalier d'honneur. En tête, marchent les religieux du couvent de la Trinité, vêtus de robes et de manteaux blancs, marqués, sur la poitrine et l'épaule gauche, de la croix partie rouge et bleu. Les moines de Saint-Sauveur de Béré et ceux de Saint-Michel viennent ensuite, le visage à demi caché sous leur capuchon relevé. Des chevaliers suivent, portant le collier de l'ordre de Saint-Michel, et escortent le roi de France, François le Magnifique, donnant la main à Françoise de Foix, que précède sa fille Anne, une belle enfant de quatorze ans, au visage triste, qu'un vague sourire rend encore plus attrayant. Enfin, le seigneur de Châteaubriant vient en arrière, entouré de démons qui le tiennent enchaîné. Un manteau de soufre couvre ses épaules nues, une couronne de fer rougi brûle son front, et chacun de ses pieds nus marque une empreinte fumante sur le parquet de chêne.

Arrivée à la chambre de Françoise de Foix, la procession contourne, sans y prendre garde, une large mare de sang qui s'étale au milieu, non loin de l'alcôve, mais Jean de Laval est attiré malgré lui vers cette flaque, et il y baigne ses pieds brûlants avec une expression de soulagement.

Il voudrait demeurer là... mais le cortège descend l'escalier en spirale, suit les colonnades qui entourent la cour d'honneur, et disparait dans les brumes légères que bleuit la clarté de la lune...

FIN

# TABLE

PREMIÈRE PARTIE



DEUXIÈME PARTIE

www.ingramcontent.com/pod-product-compliance
Ingram Content Group UK Ltd.
Pitfield, Milton Keynes, MK11 3LW, UK
UKHW022126170726
13837UKWH00003B/1382

9 782329 257402